AKTU E. Kurzbauer

JetztSEIN - das Buch

Wie Sie in Frieden leben können!

Bibliografische Informationen der Deutschen Nationalbibliothek.
Die Deutsche Nationalbibliothek verzeichnet diese Publikation
in der Deutschen Nationalbiografie; dedailierte bibliografische
Daten sind im Internet über http://dnb.dnb.de abrufbar

© 2015 Aktu E. Kurzbauer
Herstellung und Verlag
BoD - Books on Demand, Norderstedt

ISBN 9-783-739-209-500

INHALT

VORWORT

Das Ziel dieses Buches ist, Ihnen Möglichkeiten zu vermitteln, Ihr wahres Wesen in Ihrem alltäglichen Leben als Friede und Harmonie zu leben. Was ist Ihr wahres Wesen, wer sind Sie?

Bei der Selbst-Erkenntnis ist dies eine wesentliche Frage und die Antwort liegt jenseits der Verstandeswelt. Ich möchte dazu eine ZEN Geschichte bemühen, die die Tragweite nicht nur dieser Frage, sondern die Erfahrung unseres ganzen Lebens aufzeigt. Diese Geschichte wird uns im gesamten Buch begleiten, weil sie die unterschiedlich tiefen Seinsebenen aufzeigt und Ihnen damit eine Möglichkeit bietet, die Mechanismen des Geistes besser zu verstehen und zu durchschauen.

Nun zur Geschichte:

Ein Professor einer amerikanischen Universität hatte sich in die Philosophie des Zen-Buddhismus vertieft. Er studierte Bücher von alten Zen-Meistern, übte die verschiedenen Meditationen und folgte bestimmten, angeführten Unterweisungen. In einigen der Werke fand er einen Vers, dessen Bedeutung ihm verschlossen blieb:

Der Berg ist ein Berg, Wasser ist Wasser!
Der Berg ist kein Berg, Wasser ist kein Wasser!
Der Berg ist ein Berg, Wasser ist Wasser!
(Ich bin der Berg, ich bin Wasser)

Der Professor entschloß sich, diesem Vers auf den Grund zu gehen und reiste nach Japan. Dort angekommen ging er sofort in das nächste Zen-Kloster und bat um Unterweisung dieser ZEN – Weisheit. Der Abt des Klosters gewährte ihm die Bitte und erklärte dem amerikanischen Professor, so gut es eben ging, diesen Vers so: Der begrifflich, denkende Geist sieht einen Berg als Berg und Wasser als Wasser. Läßt man den begrifflich, denkenden Geist hinter sich und taucht in die Ebene des „reinen Geistes" (reines Bewusstsein) ein, ist der Berg kein Berg und Wasser kein Wasser. Das Eintauchen in den reinen Geist bewirkt eine tiefe Einsicht in die Natur der Dinge und die Erkenntnis über das wahre Wesen des Seins. Mit dieser Einsicht wird der Berg wieder ein Berg und das Wasser wieder Wasser, allerdings in neuer und einzigartiger Wahrnehmung.

Die letzte und in Klammer gesetzte Weisheit des Verses „Ich bin der Berg, ich bin das Wasser" kann über Worte nicht vermittelt werden, erklärte der Abt des Klosters weiter. Dazu sei die Vertiefung des Bewusstseins nötig, die durch spirituelle Praxis erreicht wird. Daraufhin entschied sich der Professor, im Kloster zu bleiben und den Zen – Weg zu gehen.

Diese kleine Geschichte soll Ihnen zeigen, was es mit der Lebenspraxis des **„JetztSEIN"** auf sich hat. Kleine Einblicke in die Natur Ihres Wesens geschehen immer wieder und werden oft als

„Erwachen" (im ZEN „Satori") bezeichnet und verschwinden, wie sie gekommen sind. „JetztSEIN" hat das Ziel, Sie in die Tiefe Ihres Seins zum ICH BIN zu führen und ES im täglichen Leben bewusst zu leben, so daß es nicht nur kurze Momente des Einsseins bleiben.

Letztendlich geht es um die letzte Zeile des Verses – „Ich bin der Berg, Ich bin das Wasser"!

„JetztSEIN – das Buch" zeigt die Mechanismen des Geistes auf, die uns durch Identifikation scheinbar von unserer wahren Natur trennen. In Wirklichkeit existiert die Trennung nicht, es ist einfach ein Gedanke, dem geglaubt wird.

Die Natürlichkeit des Seins

Kennen Sie jene einzigartigen Momente im Leben, in denen alles eins ist?

Vielleicht erinnern Sie sich an Ihre Kindheit oder ein plötzlich auftretendes Eins sein, ohne sichtbaren Grund. Sie erfahren eine Leichtigkeit, eine stille Freude und Unbeschwertheit, eine Unendlichkeit und Präsenz, die alle Probleme und weltlichen Belastungen abfallen läßt. Schon Platon kannte diesen Geisteszustand und nannte ihn „zeitunabhängiges Urwissen".

Für mich ist es die Berührung mit der eigenen Tiefe, mit unserer *Natürlichkeit des Seins*. Es ist die reine Präsenz der Existenz, ein Dasein in absoluter Harmonie und vollkommener Liebe. In diesem Moment des Glücklichseins verliert alles, was bis zu diesem Zeitpunkt wichtig gewesen ist, seine Gültigkeit.

Viele Menschen berichten mir, solche Momente zu kennen, wenn sie sich in der Natur aufhalten oder auch kurz vor dem morgendlichen „Muntersein". Ich hatte dieses Erlebnis das erste Mal in der Gegenwart eines spirituellen Lehrers, der durch sein Dasein und seine Präsenz dieses Einssein in mir auslöste. In den unterschiedlichen spirituellen Richtungen sind diese Momente verschiedenen Begriffen zugeordnet – Satori, Erwachen oder auch Selbst-Erkenntnis. Es ist ein Erkennen, eine Einsicht in die Natur unseres Wesens, das allumfassend und zeitlos ist.

Diese *Präsenz des natürlichen, allumfassenden Seins* ist in jedem Menschen existierend und kann mit normalem Denken und Empfinden nicht hergestellt werden, weil die *Präsenz* unterhalb der Schwelle unseres begrifflich denkenden Geistes schlummert und darauf wartet, entdeckt zu werden.

Was hält uns ab, uns dieser *Präsenz des natürlichen, allumfassenden Seins* bewusst zu sein?

Wir haben gelernt, und das mit einer unglaublichen Vehemenz, uns auf unseren begrifflich denkenden Geist zu stützen. Wir haben gelernt, über unseren begrifflich denkenden Geist unser Selbstbild, unser Weltbild und unsere Sicherheit zu beziehen. Unser Geist ist also verstandesorientiert und konditioniert. Schmeckt bitter, oder? Wo wir uns doch so bemühen, aus dem Herzen zu leben und unsere Emotionen auszudrücken, wo es nur geht. Leider unterliegen wir dabei einem großen Irrtum. Emotionen haben mit dem Herzen nichts zu tun. Emotionen sind Ergebnisse unseres Denkens. Unsere Gedanken sind die Ursache aller Emotionen. Prüfen Sie das im nächsten Abschnitt!

Welche Emotionen hatten Sie heute? Nehmen Sie EINE Emotion und untersuchen Sie Ihren Ursprung. Oder umgekehrt – werden Sie sich eines bestimmten Gedankens bewusst und seien Sie einfach achtsam, welche Emotion er erzeugt. Daß Ihnen diese Tatsache normalerweise nicht bewusst ist, liegt daran, dass der ständige Gedankenstrom unentwegt Emotionen erzeugt, die aber durch die Schnelllebigkeit des Lebens nicht bewusst erlebt werden. Nur „besondere" Emotionen steigen in unserem Bewusstsein hoch und verschaffen sich Raum. Ich werde an einer späteren Stelle des Buches noch viel genauer darauf eingehen. Nehmen Sie es jetzt einfach als Übung in Ihrem Alltag. Immer wenn eine Emotion auftaucht, machen Sie sich bewusst, was genau Sie gedacht hatten, um diese Emotion auszulösen. Es macht einen großen Unterschied, ob Sie in Erwartung eines Zusammentreffens mit einem geliebten Menschen den Tag verbringen oder mit der Angst auf ein Gespräch mit Ihrem Chef, nachdem Sie einen Fehler gemacht haben. Der emotionale Zustand dieser Situationen ist von Ihrem Denken abhängig, von den Bildern, die Sie in Ihrem Verstand erschaffen. Ihre voreingenommene Sichtweise über Sie selbst, die Welt und Ihren Beziehungen beeinflußt emotional Ihr gesamtes Leben und Ihre Handlungen. Also was denken Sie über sich selbst?

Weitere Fragen zur Selbsterkenntnis finden Sie im Kapitel „Selbstergründung"!

Wie ist es nun damit, aus Ihrem Herzen zu leben?

Unser feinstoffliches Herz ist das Eingangstor zur *Präsenz des natürlichen, allumfassenden Seins*.

Treten wir über die Schwelle des Herzenstor (das torlose Tor) offenbaren sich unterschiedliche Essenzen, die ich als Gefühle bezeichne. Ich weiß, das ist so nicht üblich, daß in Emotionen und Gefühle unterschieden wird. Aber Sie werden im Laufe des Lesens dieses Buches merken, daß es auch nicht um Übliches geht.

Welche Gefühle finden wir also jenseits des Tores, im spirituellen Herz?

Friede, Freude, Freiheit, Liebe, Ewigkeit, Vertrauen und viele mehr. All diese Gefühle sind immer da, weil sie keiner Bedingung unterliegen und in uns als Absolutheit, zu dem es keinen negativen Pol gibt, hineingeboren wurden. Sehen Sie einmal in die Augen eines Säuglings oder Kleinkindes. Sie werden vermutlich die Unschuld spüren, diese Unendlichkeit des Seins und so manche Essenz. Vor allem das Vertrauen ist ein Grundgefühl, daß uns in den ersten Lebensjahren begleitet. Erst durch die Identifikation mit dem

Körper und in weiterer Folge mit dem Selbstbild verlieren wir das Urvertrauen und wollen unser verlorenes Sicherheitsgefühl aus dem denkenden Geist beziehen.

Wir sehen jetzt einen wesentlichen Unterschied zwischen dem verstandesorientierten Leben und einem Leben aus dem spirituellen Herzen. Bereits Buddha hat vor 2500 Jahren in diese Ebenen unterschieden – in die bedingte Ebene – Maya, und die bedingungslose Ebene, die er *Buddha Natur* nannte.

Es bedeutet, daß Emotionen an Bedingungen geknüpft sind, an Gedanken, Gefühle jedoch völlig frei von Bedingungen sind. Manche anderen spirituellen Richtungen unterscheiden in Erscheinung/ Illusion (Maya) und Wahrheit, im Grunde mit der gleichen Bedeutung. Wir werden in weiterer Folge sehen, wie uns diese Tatsache noch in vielerlei Hinsicht begegnen wird.

Leben wir also aus dem spirituellen Herzen, leben wir aus dem bedingungslosen Sein.

Je tiefer wir uns darauf einlassen, desto einfacher wird unser Leben.

Wir haben also gelernt, uns mit begrifflichem Denken unsere Welt zu schaffen mit all jenen Konditionierungen, die wir von unseren Eltern und der Gesellschaft übernommen haben. Besonders unser

Selbstbild steht in engem Zusammenhang mit dieser auf Bedingungen aufgebauten Verstandeswelt.

Ihre Konditionierungen aus Ihrer frühen Entwicklung der Kindheit und Jugend, wie auch alle anderen in der Psyche abgespeicherten, müssen nicht für alle Zeiten durch Sie wirken und Ihr Leben bestimmen. Sie wurden darauf trainiert, auf die Umwelt zu reagieren, entweder mit Widerstand, wenn es *unangenehm* war oder ist, oder mit „haben wollen", wenn es *angenehm* war oder ist. Es entstehen innere Verhaltensregeln, die gewährleisten sollen, ein angenehmes Leben führen zu können. Dazu ist ständige Kontrolle nötig, die dem natürlichen Fluß des Lebens einen Riegel vorschiebt. Um kontrollieren zu können bedarf es eines Stopps, eines Widerstands gegen das Leben. Widerstand erzeugt Reibung und die Folge ist Energieverlust. Sie sehen also, wie diese Lebenshaltung den Fluß Ihres Lebens unterbindet, den Mechanismus „Kontrolle" schafft (die in Wirklichkeit nicht funktioniert) und Ihnen Energie raubt. Viel mehr noch, sie spaltet Ihr Leben. Diese Spaltung ist bei vielen Menschen so ausgeprägt, daß sie gar nicht wahrgenommen wird, ja sogar als selbstverständliches Verhalten betrachtet wird.

In dem Geisteszustand dieser Verblendung wird nicht gesehen, wie das eigene Bewusstsein mit Grenzen belegt ist und Abhängigkeiten geschaffen werden. Es wird nicht gesehen, wie die Gier nach „Lust" und der Widerstand gegen vermeintlichen Schmerz Ihr Leben bestimmen. Die dahinter liegenden autoritären Beliefs (Glaubenssätze) und Eigensuggestionen und deren Emotionen werden negiert und ins Unterbewusstsein verschoben. Dort untergraben sie Ihr Selbstvertrauen. Irgendwann bekommen sie wieder Resonanz und werden an die Oberfläche gespült, um erkannt und durchlebt zu werden.

Die Geisteshaltung *„angenehm – unangenehm"* erzeugt dazu eine innere Spannung, die nicht nur geistig Ausdruck findet, sondern auch körperlich. Dazu kommt, daß Ihr Geist inhaltlich oft woanders ist, als Ihr Körper, in der Vergangenheit oder Zukunft - das erzeugt Stress. Anspannung und Stress ist ein hervorragender Nährboden für allerlei Krankheiten. Hoher Blutdruck, Magenbeschwerden, Kopfschmerz bis hin zum Burnout Syndrom sind Auswirkungen dieser Geisteshaltung.

In so einem Zustand, der für viele normal ist, ist Ihr Geist aufgewühlt und bewegt Ihren Verstand in endlosen Gedankenschleifen, um herauszufinden, was richtig oder falsch, gerecht oder ungerecht ist. Falls Sie dieses Spiel Ihres Verstandes nicht mehr mitspielen möchten, ist dies durch eine Verschiebung Ihrer Achtsamkeit auf Ihren Herzsraum und ein Beobachten Ihrer Gedanken möglich. Ich

weiß, daß sagt sich so einfach. In diesen Momenten des „Ausge-
liefertseins" an den Mind (Denken + Emotionen) fällt es schwer,
diesen wichtigen Schritt zu tun und aus dem Gedankenkarussell
auszusteigen. Haben Sie allerdings die angeführte Übung im
nächsten Kapitel „Die Kraft der Achtsamkeit" einige Male gemacht,
wird es Ihnen leichter fallen, Ihren Mind nicht mehr so wichtig zu
nehmen. Dann haben Sie die bewusste Entscheidung, welche
Bedeutung Sie Ihren Gedanken geben.

Sie können also Ihre Konditionierungen durchschauen, sich darüber
bewusst sein und „da" bleiben, nicht mit der Bewegung des Verstandes mitgehen. Wie genau das geht, lesen Sie im Kapitel über das
Thema „Selbstergründung".

Vergessen Sie bitte nicht, was Ihr Ziel bei der Lebenspraxis
JetztSEIN ist.

Sollten Sie das noch nicht definiert haben, machen Sie es jetzt.
Wie wollen Sie in Ihrem einzigartigen Leben leben?

Was ist Ihre tiefste Sehnsucht?

Haben Sie schon erkannt, dass nichts im Außen Ihr Herz wirklich
erfüllen kann?

Die Kraft der Achtsamkeit

Die meisten Menschen verleihen ihre Aufmerksamkeit dem Strom der Gedanken.

Dies bewirkt eine Identifizierung mit den Inhalten der Gedanken, die eine persönliche Geschichte kreieren, inklusive eines Ego-Ichs, dem Hauptdarsteller der Geschichte.

Jeder Gedanke erzeugt ein bestimmtes Gefühl, wie wir schon wissen, und trägt damit zu einer grundlegenden „Stimmung" des Ego-Ichs bei. In schwierigen Situationen der erdachten Persönlichkeitsgeschichte hat man den Eindruck, in einer Achterbahn zu sitzen, „rauf und runter mit den Emotionen".

Wenn ich Menschen zuhöre, sehe ich, wie sie sich vorwiegend mit der Erscheinungswelt beschäftigen und in dieser von einem Objekt zum anderen springen. Dieser Mechanismus wird auch „Monkey Mind" genannt und lässt das Bewusstsein nur an der Oberfläche wahrnehmen. Am Beispiel unserer Hand können wir dies genau erkennen. Bleibt unsere Wahrnehmung nur auf den Fingerspitzen, wird nie bewusst, dass alle Finger in einem Zentrum, im Handteller münden, also nicht voneinander getrennt sind. Bleibt unsere Achtsamkeit nur an der Oberfläche des Bewusstseins, können wir das ICH BIN, das allem zugrunde liegt wie der Handteller für unsere Finger, nicht wahrnehmen. Die Kraft der Achtsamkeit befähigt uns, bei einem Objekt zu bleiben, sei es ein Gedanke, eine Emotion oder auch der Atem, und in die Tiefe des Objekts zu gehen bis wir auf das reine Bewusstsein stoßen (in unserem Beispiel mit der Hand dem Handteller). Dabei löst sich die Identifizierung mit dem Objekt und wir fühlen Frieden, der Qualität des reinen Bewusstseins ist.

Mit der Kraft der Achtsamkeit wird die Fähigkeit entwickelt, die Aufmerksamkeit vom Strom der Gedanken und Ihrer Bedeutung zu trennen. Achtsamkeit ist eine bewusste Lenkung der Aufmerksamkeit auf die Gegenwart, auf das Hier und Jetzt. Damit erwacht ein stiller Beobachter, der nicht wertet, nicht urteilt oder kategorisiert. Es entsteht eine unvoreingenommene Offenheit für das, was geschieht.

Mit der Achtsamkeit im reinen Bewusstsein sind wir nicht mit wahrnehmbaren Objekten verbunden und identifiziert, sondern erleben sie als auftauchende Erscheinungen, die auch wieder vergehen. Das reine Bewusstsein (Ich Bin) wird mit der Zeit als offener, unendlicher Raum empfunden, in dem die Welt geschieht ohne mit ihr identifiziert zu sein. In diesem unendlichen Raum hat weder die persönliche Geschichte noch der Hauptdarsteller Bestand.

Eine sehr hilfreiche Übung ist das „Herz-Schauen", auch „Herzlauschen" genannt. Dabei wird die Achtsamkeit auf das Herz gelenkt und alles, was erscheint, im Herzen angenommen.

Ich möchte Sie jetzt einladen, diese Übung zu praktizieren.

… setzen Sie sich irgendwo hin, wo Sie für ca. 10 Minuten Ruhe haben, kommen Sie mit Ihrem Bewusstsein beim Körper an, den Körper spüren........ein paar Augenblicke........Sie werden spüren, wie der Moment viel präsenter wird, deutlicher, klarer, einfach dasein........und für diesen Moment öffnen Sie nun Ihr Herz....begegnen Sie mit Ihrem Herz dem Moment........ mit dem Herzen dem gegenwärtigen Moment lauschen........gefühlsmässig einmal hinhören..........ohne Erwartung, ohne Ablehnung, mit reinem Herzen gewahrsein............. Wie fühlt sich Ihr Herz an, wenn es dem Moment lauscht?........, eine offene, empfängliche, zulassende Herzenshaltung.........all das, was Ihnen der gegenwärtige Moment schenkt, willkommen heißen........ voller Neugierde, voller Interesse......mit Anerkennung und Wertschätzung.........ohne Wissen, ohne Konzepte........reines Fühlen, reines Lauschen, reines Sein..........mit dem Herzen lauschen bedeutet, keine Geschichten über das Leben erzählen zu müssen...bedeutet reines Erleben, ohne zu bewerten, ohne zu benennen, ohne zu beurteilen.......mit dem

Herzen lauschen bedeutet, einfach zu sein..................und spüren Sie, wie erholsam das ist, einmal sein zu dürfen, ohne etwas unternehmen zu müssen, auch nicht mit Ihren Gedanken........................ sich ganz hineinentspannen in dieses reine Sein........und spüren, wie sich alles, was uns begegnet in Harmonie verwandelt.........

Ich nehme an, Sie haben nicht gleich die Meditation gemacht, sondern diese Zeilen einfach gelesen.

Ich nehme weiter an, dass sich durch das Lesen in Ihnen etwas verändert hat. Es braucht auch nicht benannt werden.........einfach nur wahrgenommen werden. Hat sich etwas verändert?

Versuchen Sie einmal mit der Geisteshaltung „mit dem Herzen lauschen" Ihr alltägliches Leben zu leben und seien Sie neugierig, wie sich das Leben durch diese Übung anfühlt. Wahrscheinlich gelingt es Ihnen nicht den ganzen Tag, das wäre wunderbar, wenn das gelänge. Aber es genügt für eine Stunde oder mehrere Abschnitte des Tages so zu leben. Möge die Übung gelingen.

Der innere Kosmos

Erlauben Sie, daß ich Sie auf eine Reise mitnehme, eine Reise in Ihren inneren Kosmos.

Wenn Sie Ihre Aufmerksamkeit von den äußeren Objekten abziehen und sich nach Innen wenden, stoßen Sie zuerst auf Ihr Denken. In Bezug auf Ihre Lebenssituationen und die anstehenden Herausforderungen können Sie beobachten, wie Ihre Gedanken bei manchen Themen eine Emotion von Zuversicht erzeugt und bei anderen Themen eher das Gegenteil, den Zweifel oder eine Angst. Je nachdem, wie Sie denken, empfinden Sie sich als erfolgreich mit einem starken Selbstwertgefühl oder Sie empfinden sich als Versager, mit einem schwachen Selbstwertgefühl. Wenn Sie diese Beobachtung über einen gewissen Zeitraum, zumindest für einen Tag, praktizieren, werden Sie bemerken, daß Ihr Selbstwertgefühl großen Schwankungen unterliegt. Sie werden feststellen, daß manche Menschen scheinbar stärkend auf Ihren Selbstwert wirken und manche schwächend. Nach Ihrem alten Muster, Lust zu vermehren und Schmerz zu vermeiden, und für manche Menschen ist ein Verlust des Selbstwertgefühls (Ablehnung) schmerzlich, werden Sie sich zu den Menschen hingezogen fühlen, die Ihren Selbstwert stärken und jene meiden, die ihn scheinbar vermindern. Sie beginnen die Menschen zu bewerten und sie in drei Gruppen einzuteilen. Jene mag ich, jene nicht, jene sind mir egal. Sie sind ständig, wenn auch unbewußt, damit beschäftigt, in Ihrem Leben für Sie angenehme Situationen zu schaffen, damit Sie angenommen werden und Ihr Selbstwert steigt. Können Sie auch erkennen, daß es in Wirklichkeit nicht gelingt? Oder können Sie von sich sagen, daß Ihr Leben ausschließlich aus angenehmen Situationen besteht und Sie ständig in einem Hochgefühl leben? Wenn das so ist, betrügen Sie sich selbst oder Sie haben den Zugang zu Ihren Emotionen vollkommen verloren! Vielleicht ist gerade jetzt die Gelegenheit, sich das einzugestehen.

Worauf ich hinaus will ist, daß Ihr Selbstwert immer Schwankungen unterliegt. Solange Sie sich damit identifizieren, wird es so bleiben. Solange Sie Ihr Wertgefühl wichtig nehmen, werden Sie darunter leiden. Vor allem bleiben Sie von der Meinung anderer und Ihrer Anerkennung in Ihrem Wert abhängig und fürchten Ihre Ablehnung. Unbewusst stärken Sie damit eine innere Opferhaltung, die wiederum Ihren Selbstwert untergräbt. Sie sehen, wie Sie mit dieser Lebensweise permanent an Ihrer Zerstörung des Wertgefühls arbeiten, ohne daß es Ihnen bewusst ist. Um den Schmerz des Wertverlusts wieder wettzumachen, werden Sie zum Täter, der seine Stärke und Macht unter Beweis stellen muß. Ihr ganzes Leben besteht dann darin, die Wertachse im Gleichgewicht zu halten, indem Sie von einem Pol zum anderen springen, hin und her. Manche Menschen lieben dieses Spiel und spielen es ein Leben lang.

Es ist die erste Schicht des Erkennens als Beobachter, auf die Sie stoßen, wenn Sie nach Innen schauen, wenn Sie nicht mehr mit Ihren Gedanken und deren Inhalte identifiziert sind. Sie liegt an der Oberfläche Ihres Bewusstseins und ist auf Anerkennung und Ablehnung konditioniert. Aus diesem konditionierten Bewusstsein entsteht auch das Bedürfnis nach Liebe und für den Gewinn an Liebe etwas zu tun, auch wenn das Tun nicht dem eigenen Wesen entspricht. Wie verwunderlich, daß daraus noch nie Erfüllung entstanden ist?!

Auf der nächsten Schicht des begrifflich denkenden Geistes finden Sie einen Mechanismus, der auf Bedürfnisbefriedigung ausgerichtet ist. Was bedeutet das?

Der begrifflich denkende Geist funktioniert nach einem vorgegeben Muster mit dem Ziel auf Erfüllung. Alles, was Ihnen Ihr Mind (begrifflich denkender Geist = Denken + Emotion) als Wunsch einpflanzt, hat das Ziel, Glück und Erfüllung zu erlangen. Jede einzelne Handlung wird unter dieser Einfärbung ausgeführt. Sie vermuten richtig! Wovon will der Mind denn weg? Was ist jetzt? Jede Bewegung im Mind hat eine Ursache. Wir sprechen hier von einer Ursache, die als Unzufriedenheit, als Unerfülltheit definiert werden kann. Die Unzufriedenheit erzeugt ein Bedürfnis und ein damit verbundenes Vorstellungsbild. Bewegung setzt ein, um durch eine spezielle Handlung das Vorstellungsbild zu verwirklichen. Meist ist es eine bestimmte Veränderung, die sich als TUN erweist. Danach folgt ein Ergebnis, daß mit dem Vorstellungsbild, dem Bedürfnis verglichen wird und entweder Zufriedenheit oder weiterhin Unzufriedenheit aufweist.

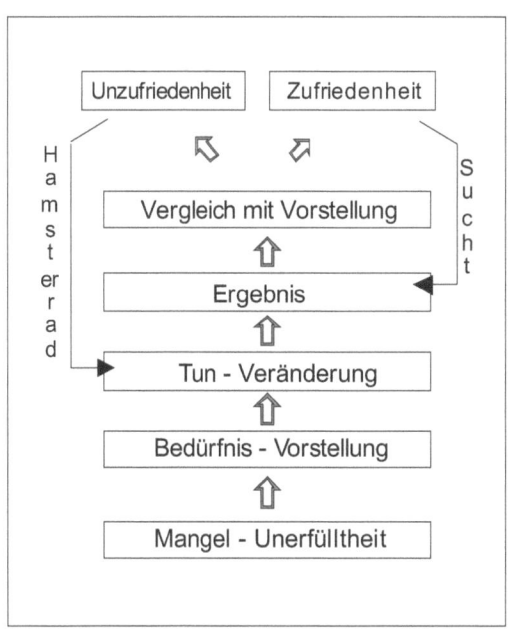

Die Mind-Struktur in Kurzfassung:

Mangel/ Unerfülltheit →Bedürfnis/ Vorstellung → Tun/Veränderung → Ergebnis → Vergleich mit Vorstellung = Zufriedenheit oder Unzufriedenheit

Wir wollen uns jetzt die beiden Möglichkeiten, die wir als Ergebnis erzielt haben, näher betrachten. Ist die Unzufriedenheit das Ergebnis, können wir entweder das Vorstellungsbild verändern, unser Tun verändern oder aufgeben. Geben wir nicht auf und verändern das Vorstellungsbild oder das Tun, schaffen wir uns einen Energiekreislauf, der sich in sich selbst aufreibt, solange bis das Ergebnis sich in Zufriedenheit ändert oder unsere Energie am Ende ist. Beispiele für das Ende in Energielosigkeit gibt es viele. Ein sehr verbreitetes in der heutigen Zeit ist das sogenannte Burnout Syndrom. Wir finden das Syndrom der Energielosigkeit aber auch in anderen Lebensbereichen, wie zum Beispiel in partnerschaftlichen Beziehungen, wo das Entsprechen wollen für den anderen so stark wird, ohne dass das Ergebnis „Wert" (Liebe) zu bekommen eintritt.

Wenn unser Vorstellungsbild erfüllt wird, tritt Zufriedenheit ein. In diesem Moment fühlen wir uns glücklich und glauben fest daran, daß

26

es daran liegt, daß wir unser Ziel, unsere Vorstellung erreicht haben. Beobachten wir weiter, was genau geschieht, erleben wir das Vergehen des Glücks und der Zufriedenheit, das an bestimmte Bedingungen geknüpft war. Zum Beispiel an einen anderen Menschen, eine bestimmte Situation oder einfach an Erfolg. Alles im Universum, was immer es ist, unterliegt dem Gesetz der Vergänglichkeit. Obwohl diese Gesetzmäßigkeit in unserem Leben ein wesentlicher Aspekt ist, vergessen oder negieren wir sie. Endlich haben wir ETWAS, das uns glücklich macht und dann verschwindet es. Auch unser Körper reagiert auf dieses Ereignis und schüttet gezielt bestimmte Hormone aus. Und jetzt?

Auf ein Neues! Noch einmal! Vielleicht das Tun etwas verändern, damit die Nachhaltigkeit gewährleistet ist. Vielleicht noch liebevoller sein, noch verständnisvoller, noch.........

Jetzt wissen Sie, warum ich am Anfang der Beschreibung der Erfüllung des Vorstellungsbildes „scheinbar" geschrieben habe. In Wirklichkeit entsteht genauso ein Energiekreislauf, der schlußendlich in Energielosigkeit endet. Mit dem Unterschied, daß es auf einen längeren Zeitraum geschieht und für kurze Momente das Glück erlebt wird. Und das auch nicht, weil wir erfolgreich sind, sondern weil in dem Moment des Erreichens kein Wollen und kein Widerstand vorhanden sind. In einem Geisteszustand zu sein, der weder von Wollen noch von Widerstand gekennzeichnet ist, ist bereits Glück und Harmonie!

Allerdings hat dieser Energiekreislauf noch weitere Auswirkungen, nämlich ein Suchtverhalten. Auswirkungen davon sind Ess-Sucht, Computersucht und vieles mehr. Alles, was uns glücklich macht, wollen wir immer wieder. Wir bemerken nicht, daß wir ständig dem Glück nachlaufen, unentwegt, weg von der Unzufriedenheit, weg von der Leere, weg vom Unangenehmen und hin zum Angenehmen, Glücklichmachenden, Lusterzeugenden (Suchterzeugenden) ....

Was jetzt? Was immer Sie tun, nichts bringt wirkliche Erfüllung! Hatte der Buddha recht vor 2500 Jahren? „Nichts in der Welt kann Dein Herz erfüllen!"

Wir können daraus lernen, daß der auf äußere Objekte orientierte Geist entweder in Frustration oder in einem Suchtverhalten endet. Dann wäre ja fast die ganze Menschheit süchtig? Ja, genau! Die ganze Menschheit ist süchtig auf Lustgewinn, sei es durch Geld, Besitz, Macht oder Sex. Die Menschheit schreckt nicht davor zurück, Kriege zu führen und sich selbst auszurotten, nur um das zu bekommen, von dem man glaubt, daß es glücklich macht und sei es eine bestimmte Glaubensrichtung.

Welche Alternative bietet sich an?

In einem der vorhergegangenen Absätze steht der Satz „In einem Geisteszustand zu sein, der weder von Wollen noch von Widerstand gekennzeichnet ist, ist bereits Glück und Harmonie!"

Wie geht das?

Dazu tauchen wir jetzt tiefer in unseren inneren Kosmos, bis zum Urgrund Ich nenne ES gerne TAO, genausogut kann man Absolutheit, Brahman oder Gott sagen - ein unendliches NICHTS! Formlos und leer! Die Quelle von allem, was ist!

Obwohl NICHTS, hat es eine Wirkkraft – die Präsenz des Seins. Diese Präsenz ist reines Bewusstsein von SEIN. Tritt es in Bewegung, entsteht Wuwei, die Manifestation in die Form, absichtslos und spontan. In Indien wird diese Kraft PRANA genannt, in China Chi und im Westen meist universelle Lebensenergie, geistige Schöpfungskraft.

In dieser feinstofflichen Ebene des Seins können Sie den Vorgang vom Formlosen in die Form mitverfolgen, den gesamten Schöpfungsprozeß, der sich in jedem Moment vollzieht, ob es Ihnen bewusst ist oder nicht. Der direkte Ausdruck der Form geschieht über die vier Elemente, Erde – Wasser – Feuer – Luft, das Spiel der Elemente, daß Sie und ich Universum benennen.

Das TAO selbst ist weder beschreibbar noch erlebbar. TE allerdings, Ihr reines Bewusstsein, ist vollkommene Harmonie, tiefer Friede und Glückseligkeit – Essenzen des Seins. Sie können das TAO durch nichts erreichen, vor allem nicht mit Denken. Wenn Sie Ihrem begrifflich denkenden Geist keine Aufmerksamkeit schenken und in Ihr FÜHLEN eintauchen, werden Sie von der Unendlichkeit des Seins berührt, dem ICH BIN, das immer da ist. Das ist der Grund, warum Sie ES auch nicht finden können. Wie wollen Sie etwas finden, was nie verloren war.

Die meisten Menschen können Ihr wirkliches Wesen nicht wahrnehmen, weil sie über dieses SEIN eine eigene, phänomenale Welt gelegt haben und an sie glauben. Wie funktioniert das?

Ganz einfach! In dem Moment, wo Sie den Formen Namen geben, sie vergleichen, bewerten, Interpretationen und Zusammenhänge schaffen, erzeugen Sie Ihre Verstandeswelt, die Welt des begrifflichen Denkens. Es ist nichts falsch daran, auch begrifflich zu denken, solange die wirkliche Ursache der existierenden Formen nicht vergessen und gefühlt wird, nämlich die Quelle, die alles erschaffen hat. Sobald die Quelle vergessen wird, erleben Sie ein

Gefühl von Getrenntheit, weil auch Sie selbst dieser Quelle entstammen. Das Gefühl der Getrenntheit hat drei wesentliche Auswirkungen auf Ihr Leben. Erstens, Sie verlieren Ihr Urvertrauen, wie ich bereits ausgeführt habe. Zweitens, Sie fühlen sich alleine und drittens, Sie haben das Gefühl, niemand zu sein, absoluter Minderwert. Ihr Mind hat Strategien entwickelt, um diese Defizite auszugleichen. Das Urvertrauen wird ersetzt durch Denken, um ein Gefühl von Sicherheit zu erlangen. Das Alleinsein wird kompensiert durch emotionale Verbindungen, sei es in Partnerschaft oder sonstige Beziehungen. Der Minderwert wird befriedigt durch Erfolg, ein JEMAND zu sein.

Sie können sich jetzt Ihr Leben genauer betrachten und die drei Kompensationsfaktoren miteinbeziehen. Welcher der drei Faktoren ist bei Ihnen am meisten ausgeprägt?

Wenn Sie jetzt bereit sind, dies anzunehmen, ganz ehrlich und wirklich hinzufühlen, ohne Erwartung, ohne eine Geschichte herum zu erzählen, kann durch diese Einsicht Befreiung und Heilung geschehen und zwar in den Bereichen, in denen es jetzt möglich ist. Vielleicht ist es jetzt das erste Mal, daß Sie die Magie des Tao erleben, wenn dies Einzug in Ihrem Geist hält.

Was Sie jetzt vielleicht erlebt haben ist die *Kunst des Nichthandelns*. Bei der Lebenspraxis JetztSEIN ist die „Kunst des Nicht-Handelns" DER wesentliche Aspekt, um ein glückliches Leben zu führen.

Mit der „Kunst des Nicht-Handelns" lösen Sie auch die Strukturen Ihres begrifflich denkenden Geist auf, indem Sie kein Vorstellungs-bild erzeugen und falls dieses schon da ist, NICHTS TUN!

Damit bleiben Sie mit Ihrer Aufmerksamkeit in der Unzufriedenheit, ganz bewusst! Das, was geschehen wird ist, daß die Aufmerk-samkeit tiefer ins Bewusstsein eindringt, die Unzufriedenheit hinter sich lässt und sich eine STILLE offenbart. Vielleicht ist die Offenbarung der STILLE nicht so, wie Sie es sich vorgestellt haben. So ist es meistens nicht! Lassen Sie es einfach geschehen...............

Vielleicht ist da Leere, oder Friede, oder Freude ohne das große „Peng", das Sie erwartet haben. Vielleicht ist aber auch einfach Berührtheit, Fülle und Unendlichkeit.........einfach Sein..........alles darf sein.....

Es gibt nichts zu tun, nichts zu verändern........
Nur mit dem sein, was ist.....................

Sobald Sie die Erfolglosigkeit und Hilflosigkeit dem Glücklichsein gegenüber im begrifflich denkenden Geist erkannt haben, brauchen Sie nichts mehr verändern wollen. Alle Prägungen von einst, die Sie ständig in Bewegung gehalten haben, verlieren die Macht über Sie, falls Sie bereit sind, geistig HIER zu bleiben, wo Sie gerade sind. Es geht darum, daß Sie bereit sind, sich auf die Vertikale des Lebens einzulassen. Was meine ich damit? Die horizontale Ebene des Lebens besteht aus Vergangenheit und Zukunft und dem Raum dazwischen, den Sie versuchen mit allen möglichen Formen auszufüllen. Die vertikale Ebene des Lebens führt ins SEIN, in die Formlosigkeit und Ewigkeit.

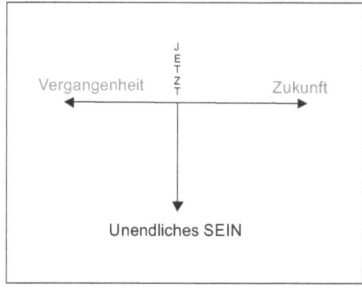

Wenn Sie also weder etwas „haben wollen", noch „nicht haben wollen" offenbart sich der innewohnende Friede und die grenzenlose Freude des Seins – das ICH BIN.

Ich möchte an dieser Stelle die Gelegenheit wahrnehmen, um Sie mit einem Begriff zu konfrontieren, der wahrscheinlich in Ihnen bereits vorhanden ist und Assoziationen hervorrufen wird. Ich möchte Ihnen die Möglichkeit geben, diesen Begriff zu erweitern, ihn aus den gesetzten Grenzen herauszulösen und neu zu definieren. Dieser Begriff ist „QI" und bedeutet nicht nur Energie, sondern LEBEN. Die Quelle des LEBENS ist das TAO – die Absolutheit. Die Wirkkraft des TAO erleben Sie als die oben beschriebene *Präsenz des natürlichen, allumfassenden Seins – QI.*

Der Ursprung des Universums

So unglaublich das auch klingen mag, der Ursprung des Universums, wie es auch von vielen Meistern der unterschiedlichsten spirituellen Richtungen erfahren wurde und auch meine Erfahrung ist, ist Leere. Normalerweise reagieren die meisten „Westler" auf diese Feststellung mit Ablehnung, definieren es als Unsinn oder verurteilen sie als Verrückten, wenn Sie diese Aussage treffen.

Ob der Ursprung des Universums wirklich Leere ist, kann nur jeder für sich selbst herausfinden. Genau das ist der „WEG", die Ergründung des Geistes. Solange der Geist über den Verstand in seinen alten Denk- und Verhaltensmustern gefangen ist, wird sich die Wahrheit über den Ursprung nicht offenbaren. Es ist, als würde ein Frosch, der auf einem Teich lebt, über das Meer sprechen wollen.

Die kollektive Orientierung der westlichen Gesellschaft ist auf „Haben" ausgerichtet, nicht auf „Sein". Im „Haben" können wir uns definieren, uns zeigen, uns bestätigen lassen, sei es durch unser Aussehen, unseren Erfolg, unseren Besitz oder unsere Klugheit und unser Wissen. Das „Haben" hat eine Form, die wir *begreifen* können. Deshalb liegt es auch nahe, uns mit diesen Formen zu identifizieren, mit dem greifbaren „Ich" – ein *Ich des Habens*.

Für viele Menschen ist es sehr schwierig, sich von den Formen loszulösen. Oft geschieht dies über Schicksalsschläge, wie den Tod eines Partners oder den Verlust des Besitzes. Was ist dann?

Die meisten Menschen, denen solches oder ähnliches zugestoßen ist, sprechen von einem Gefühl, als würde der Boden unter den Füßen weggezogen werden. Die wenigsten erlauben sich die Neugierde darauf, was ohne Boden ist. Sie würden überrascht sein……..

Das Sein selbst ist formlos, kennt weder Zeit, noch Räume (wie auch). Das Einlassen auf das unbekannte Grenzenlose ist für die meisten Menschen eine große Herausforderung. Es ist das, was in allen spirituellen Traditionen als wesentliche Erkenntnis definiert wird, „die Schauung" des eigenen Wesensgrundes, der Buddha Natur, des Tao, Gottes oder des SELBST. Wir finden in den Tiefen unseres Seins ein anderes „Ich" – ein „Ich bin Sein", das unendlich und ewig ist, unsere wahre und natürliche Natur. In diesem „Ich" liegt das wirkliche Glück, der wahre Friede und die absolute Freiheit. Hier ist unser Zuhause, unser Zentrum aller Bewegung, unsere Quelle – das Einssein.

Für die Ergründung der Wahrheit sollten Sie auf Ihre gesammelten Gedächtnisinhalte, Erklärungsversuche und Konzepte verzichten. Wie sollte ein Verstand etwas erklären, von dem er selbst geschaffen wurde?

Ihr Denken hat Ihnen bis jetzt Sicherheit gegeben, auch wenn es nur eine scheinbare war, aber doch in einem gewissen Maße Sicherheit. Im Laufe Ihres Lebens haben Sie die Gewohnheit des Denkens perfektioniert und nun den Eindruck, auf diese Gewohnheit nicht verzichten zu können oder zu wollen. Sie können beobachten, wie sich ein innerer, unbewußter Mechanismus aktiviert, der am Denken anhaftet. Diese Anhaftungen können Sie nicht nur beim Denken beobachten, sondern auch bei allen „Habensobjekten". Was steckt dahinter?

Einer unserer innigsten Wünsche, eine wirkliche Sehnsucht ist: eins zu sein!

Die Methode, die wir kollektiv entwickelt haben, um das Einssein zu verwirklichen, ist „Anhaften".

Je nach unseren selbst geschaffenen Wertmaßstäben, deren Filter das Selbstbild ist, also das Bild, das wir uns von uns selbst machen, haften wir an bestimmten äußeren „Objekten" an mit der Hoffnung auf Erfüllung des Einsseins. Sei es eine Partnerschaft, Geld, Besitz oder dem Körper, all diese Objekte und noch viele mehr, sind Möglichkeiten, eins zu sein.

Anhaften ist eine Art Verbindung, ja sogar Verschmelzung mit dem Objekt. Beispiel dafür ist unser Körper. Indem wir so tun, als würden wir Einssein mit ihm, oder auch mit unseren mentalen Sichtweisen über uns selbst, unser Selbstbild, das wir bereit sind bis zu letzt zu verteidigen, komme was wolle. Wir erleben dies, wenn wir „verletzt" werden. Was genau wird verletzt? Das Bild, das wir von uns haben und mit dem wir uns identifizieren, an dem wir anhaften.

Die Verbindung mit „Etwas", einer Form, physisch oder geistig, vermittelt uns ein bestimmtes Gefühl von Existenz. In unserem Leben geht es prinzipiell um Emotionen. Wozu würden wir sonst einen Partner brauchen, ein Haus oder ein Haustier, wenn es uns nicht eine bestimmte Emotion vermitteln würde. Natürlich können uns auch Vorstellungsbilder Emotionen vermitteln, wie wir ja alle kennen, wenn wir uns in Tagträume verlieren. Würde uns unser Denken nicht ein bestimmtes Gefühl vermitteln, was hätten wir dann? Es bliebe ein Gedanke ohne Bedeutung.

Akzeptieren wir, daß einer unserer Motivationen des Lebens *Einssein* ist, können wir gleichzeitig erkennen, was vorher da sein muß, um diese Motivation zu erschaffen – *Trennung*! Im tiefsten Innersten wissen wir, daß Einssein und Erfülltsein zu unserem Leben gehören, obwohl wir uns getrennt fühlen. Das Gegenteil von „getrennt sein" ist „anhaften". Wir entwickeln durch das innere Wissen des Einsseins eine Methode, das Getrennt sein zu überwinden – mit Anhaften an äußeren Dingen, Menschen, Situationen und vor allem an unserem Ich-Gefühl des Habens. Meist bemerken wir die Anhaftung erst, wenn sich Situationen verändern, Menschen fortgehen, der Körper altert oder wir unser *„Haben Ich"* bewusst erkennen.

Anhaften ist der mißlungene Versuch, das Gefühl von Einssein herzustellen und damit Erfüllung zu erlangen. Anhaften ist in unserem Leben allgegenwärtig. Wir unterliegen dem Irrtum, äußere Erscheinungen, in welcher Form auch immer, könnten uns Erfüllung geben.

Untersuchen wir die Natur des Anhaftens machen wir eine interessante Entdeckung.

Anhaften kann nur dann Ausdruck finden, wenn der Glaube an „Zwei" vorhanden ist, einer Getrenntheit also. Im Grunde wird das Anhaften von Begehren und Angst verursacht. Begehren des Guten und Angst vor dem Schlechten, Begehren von Lust und Angst vor Schmerz, Begehren von Leben und Angst vor dem Tod. Untersuchen wir Angst und Begehren erkennen wir, daß Angst auf Begehren beruht.

Angst vor dem Tod beruht auf dem Begehren von Leben. Wir wissen, die Ursache von Begehren ist ein bestimmtes Mangelgefühl. Welchen Mangel haben wir also, wenn wir das Leben begehren? Es ist der Mangel an Sein - Einssein! Der Mangel an Sein wird durch den Glauben an Getrenntheit verursacht, der wiederum ein scheinbares Zweites schafft, nämlich das, was sich getrennt fühlt.

Das, was sich getrennt fühlt, ist ein vom Verstand erschaffenes Selbstbild – die Rettungsleine der Angst vor NICHTEXISTENZ. Im Selbstbild spielt der Wert eine große Rolle, denn Wert bedeutet „sinnvoll zu sein".

Wert und Sinn sind Zwillinge und nur schwer zu trennen. Beginnen wir mit der Ergründung des Wertes.

Wie entsteht WERT?

- durch Leistung
- durch Anerkennung und Wertschätzung
- durch „lustvolle Tätigkeiten" (Freude)
- durch lieben und geliebt werden

und bei Ihnen????

Wir können auf die oben gestellte Frage, wie Wert entsteht, eine direkte Antwort finden: Wert entsteht durch unsere Konzepte, Glaubenssätze und Vorstellungen, die von unseren unbewussten Prägungen und Konditionierungen abhängig sind, welche einem Mangelbewusstsein zugrunde liegen. Welchen Dingen wir Wert bei-messen, hängt von unseren unbewussten Motivationen ab, welchen Mangel wir abdecken wollen. Es ist wissenschaftlich erwiesen, dass bei den meisten Menschen zwei Drittel Ihres Lebens von unbe-wussten Abläufen und Mechanismen bestimmt werden. Sie sind vermeintlich unwillkürlich und unkontrollierbar den Aktivitäten Ihres Verstandes ausgeliefert.

Die vorrangige Aufgabe des Unterbewusstseins ist, LUST (Liebe) zu suchen und SCHMERZ (Angst) zu vermeiden. Angst, Abwehr-mechanismen, Widerstände und mentale Konzepte sind Mittel, mit denen das Unterbewusstsein seine Aufgabe zu erfüllen sucht. Der Mensch beginnt das Leben in zwei Bereiche aufzuteilen: HABEN WOLLEN = LUST/ NICHT HABEN WOLLEN = VERHINDERUNG von SCHMERZ, wie schon in einem vorigen Kapitel beschrieben.

Die Folge dieser unbewussten Aufteilung ist die Entstehung eines SELBST-BILDES (Ich-Bild) in unserem Verstand, dem wir zu ent-sprechen versuchen. Dieses Selbstbild impliziert eine klare Linie, was Wert hat und was nicht, was „passt" und was nicht, was willkommen ist und was nicht und gibt uns damit SICHERHEIT. Erst wenn wir verstehen, dass unser Selbst-Bild eine Kompensation unserer eingebildeten Mängel ist, können wir beginnen, sanft davon Abstand zu nehmen. (oder einfach zu springen!)

Zusammenfassend können wir in unserem Mind ein Selbstbild er-kennen, welches aus unbewussten Prägungen entsteht. Daraus entwickelt sich Wertesystem, nach dem wir unbewusst unser Leben gestalten. Die daraus resultierende Lebenshaltung ist ein ständiger Drang, das Selbst (Ich)- Bild zu befriedigen (begehren) und Sicherheit zu erlangen. „Passt" die Situation ins „Bild" fühlen wir uns

WERT, „passt" sie nicht, fühlen wir uns nutzlos, hilflos und ohnmächtig.

Die Auswirkungen des SELBST (Ich) – BILDS

Wie wir im vorher gehenden Kapitel schon erfahren haben, erschaffen wir eine Spaltung in uns selbst, indem wir eine gedankliche Instanz schaffen – ein Gefühl von Ich-Persönlichkeit. Darüber legen wir noch das Selbstbild, also die Vorstellung, wie sich die Ich-Persönlichkeit zu verhalten hat, wie sie zu fühlen hat und welche Handlungen angemessen sind. Es werden Emotionen, Gedanken und Empfindungen in richtig oder falsch, gut und schlecht, „darf sein" – „darf nicht sein" bewertet. Aus dem „darf nicht sein" entsteht eine weitere Abspaltung, der sogenannte Schattenanteil, der aus allen Energieformen besteht, die nicht sein dürfen, schlecht sind oder scheinbar falsch.

Wir glauben mit der Verdrängung der nichtpassenden Energien eine Lösung gefunden zu haben, wie wir unser imaginäres Selbstbild aufrecht erhalten können und unsere Sicherheit gewährleisten.

Wie können wir die Spaltung aufgeben? Erlauben wir, dass alles in uns auftauchen darf, was von sich aus auftauchen möchte, wir also eine innere Haltung des Annehmens einnehmen, geschieht etwas Unerwartetes. Oft offenbart sich nach diesem „Annehmen" ein Gefühl von Weite und Befreiung. Dafür sollten wir unsere geistige Einstellung verändern. Bis zu diesem Zeitpunkt haben wir nach den

Werten unseres Selbstbilds gelebt und gehandelt. Jetzt ist es hilfreich, dieses Konzept von „will ich – will ich nicht", „angenehm – unangenehm" aufzugeben.

Wir brauchen eine Haltung, die den unbewussten Energien Raum gibt, eine Haltung, die alles mit einschließt, was ist, ohne Vorstellung, Bewertung oder Voreingenommenheit.

ÜBUNG: *Fühlen Sie in sich hinein, wie es ist, alles auftauchen zu lassen, was von sich aus auftauchen möchte! „Alles darf sein, wie es in mir ist!"*

Was verändert sich, wenn Sie mit dem sind, was ist? Sie sind offen für alles, was in Ihnen geschieht. Damit endet die Spaltung in Licht und Schatten und gleichzeitig die Spaltung des Lebens in gut und böse, richtig und falsch. Entspannung tritt auf allen Ebenen ein, im Körper, den Gedanken und Emotionen. Sie sind sich „bewusst" und immer weniger von Ihrem Unterbewusstsein manipulierbar. Eine andere Kraft beginnt in Ihrem Leben zu wirken – **PRÄSENZ.**

Unser wirkliches Sein ist unabhängig davon, welche Leistungen wir erbringen, wie uns andere Menschen sehen, ob wir ein Selbstbild haben oder nicht, ob wir Mann oder Frau sind und ob wir von jemand geliebt werden oder nicht.

Was ist das Hindernis in dieser offenen Präsenz zu leben? Die Schwierigkeit ist, sich der eigenen LÜGEN und dem SELBST-

BETRUG zu stellen! Wir versuchen, die Wahrheit um jeden Preis zu vermeiden, weil wir glauben, die Wahrheit wird uns schmerzen, uns bestimmter Dinge berauben und uns in unangenehme Situationen bringen. GENAU SO IST ES! Manche Erkenntnis schmerzt unheimlich; wir werden unserer fiktiven Persönlichkeit beraubt und wir entsprechen nicht mehr den gesellschaftlichen Normen eines konditionierten Menschen.

Nun gibt es nur mehr eine einzige Frage zu beantworten:

Sind sie bereit das Selbstbild aufzugeben und in Freiheit leben?

Das Wertesystem, aus dem unser Selbstbildes besteht, beinhaltet Konzepte, Glaubenssätze und Vorstellungen, die den Wert der gedanklichen Ich-Persönlichkeit erhalten soll. Wir halten daran fest, weil wir uns in Sicherheit wägen und Angst davor haben, den „Halt" aufzugeben. Wir hoffen, durch diesen Halt ein Leben führen zu können, indem es uns gut geht, indem wir hauptsächlich mit „positiven Gefühlen" überschwemmt werden. Wir wollen nicht sehen, dass wir einem SELBSTBETRUG unterliegen, weil wir Angst vor VERÄNDERUNG haben.

Einerseits wollen wir Freiheit, Wahrheit, unsere innere Sehnsucht erfüllen, andererseits wollen wir an unseren alten Zielen, Hoffnungen, Vorstellungen und Plänen festhalten. Wir haben schon gehört, dass wir, wenn wir in Offenheit und Präsenz leben wollen, unserer Persönlichkeit (die ja ohnehin nur in unseren Gedanken existiert) beraubt werden. Zu dieser Persönlichkeit zählen auch unsere Ziele und Pläne. „Ich möchte bleiben, wie ich bin, aber glücklich sein".

Was ist zu tun, um das Selbstbild aufzugeben?
„Sich einlassen, auf das, was ist" – HINGABE!!!
Was ist dazu nötig?

Wir können sehen, dass die Bereitschaft notwendig ist, Konzepte und Vorstellungen als das zu durchschauen, was sie wirklich sind – Gedanken darüber, wie die Dinge sein sollen. Stattdessen können wir uns EINLASSEN auf VERÄNDERUNG, auf NEUES, auch wenn es uns Angst macht oder vielleicht auch Schmerz bedeutet. Unser Unterbewusstsein wird rebellieren, denn die Aufgabe des Unterbewusstseins ist es, uns vor Angst und Schmerz zu schützen. So ist HINGABE in der westlichen Welt eine Eigenschaft, die nicht besonders gepflegt wird. Hingabe führt uns unbewusst oder auch bewusst direkt in die Angst vor Auflösung – in die Angst vor Nicht-Existenz. Das ist es auch, was wir befürchten, wenn wir unsere Konzepte und Vorstellungen aufgeben und uns DEM, WAS IST hingeben – AUFLÖSUNG unserer EXISTENZ!

Die Hingabe reißt die Mauern und Grenzen der imaginären Persönlichkeit ein, denn die Persönlichkeit besteht aus nichts anderem als Gedanken. Die Persönlichkeit identifiziert sich über gedankliche Grenzen! Wir spüren die Grenzen meist als Widerstände, die mit bestimmten Vorstellungen, Emotionen und

Ängsten vom Unterbewusstsein gestärkt werden. Hingabe ist die Möglichkeit über die Grenzen hinauszuwachsen.

Übung:

- Beobachten Sie eine Weile Ihren Atem......
- Betrachten Sie das Ich, als das sie sich bezeichnen..........
- Nehmen Sie jetzt die Vorstellung von einem festgelegten Platz für das Ich weg.......
- Stellen Sie fest, was passiert, wenn Sie Ihrem Ich keinen Platz oder Aufenthaltsort zuschreiben....

Erleben wir unser „Reines Bewusstsein", unser allumfassendes Sein, sind wir eins mit allem, was ist, ohne an irgend etwas oder irgend jemanden anhaften oder verbunden sein zu müssen. Nur dann kann die Sehnsucht nach Einssein wirklich erfüllt werden.

Der „Weg" führt uns über die Erkenntnis der Trennung und des Durchschauens der Anhaftung ins reine Sein und darüber hinaus in die absichtslose Handlung, dem Fliessen mit dem Leben.

Die Tugend des „Weges" ist Wahrhaftigkeit. Schon der Begriff zeigt uns direkt, was er meint - *an der Wahrheit anhaften.*

Nach meinen obigen Ausführungen ist die letzte Wahrheit LEERE und Anhaften führt nicht zum Glück! Wie wollen Sie an der Leere anhaften? Sie sehen, daß es einfach ein Wortspiel ist. Die Wahrheit können Sie weder besitzen noch an Ihr anhaften, da würde es bereits wieder „Zwei" geben, den der Anhaften möchte und die Leere, an der angehaftet werden sollte. Die Wahrheit können Sie nur SEIN. Wahrhaftigkeit bedeutet also, sich auf das eigene, innere Sein zu beziehen, was immer gerade geschieht und nicht auf äußere Situationen, Menschen oder den begrifflich denkenden Geist.

Nur so kann Ihre Quelle immer als Quelle allen Seins fungieren und das ist unser Ziel.

Die 7 Prinzipen des Seins

1. Prinzip/ Die Welt ist das, wofür Sie sie halten

    Bewusst oder unbewusst leben Sie Überzeugungen, die die Welt für Sie definieren.

    Man kann auch sagen, die Welt ist Ihre eigene Projektion. Es existieren zwei Ebenen der Projektion:

    a. Die „Verstandeswelt", die wir mit unserem Verstand herstellen, indem wir uns mit etwas in Beziehung bringen, zum Beispiel mit Menschen, mit Orten, mit Zeit, mit Geburt oder Tod.

        All diese „äußeren Objekte" haben durch die Beziehung unserer Glaubenssätze und Überzeugungen auf sie Ihre einzigartige Bedeutung in Ihrem Leben, wie sie kein anderer hat. Es ist jene Welt, die wir als „unser Leben" betrachten.

        Zum Beispiel habe ich mit meinem Freund Rainer verschiedene Situationen erlebt und in Gesprächen seine Ansichten kennengelernt. Daraus habe ich ein bestimmtes „Rainer-Bild" entwickelt. Dieses Bild habe nur ich, seine Frau hat ein völlig anderes oder vielleicht ein ähnliches, aber niemals das gleiche Bild von Rainer. Keines der Bilder, die Rainer von seiner Frau oder von mir „übergestülpt" werden, stimmt, denn es sind nur Teilausschnitte davon, wie Rainers Frau ihn in bestimmten Situationen erlebt oder ich ihn erlebe. Rainer ist viel mehr als das, was seine Frau oder ich sehen können, sofern ich davon ausgehe, dass Rainer in diesem Körper, mit diesem Namen überhaupt existiert. Was geschieht, wenn ich meine Erfahrung und Bilder im Verstand über Rainer loslasse und ihm im Hier und Jetzt mit dem Herzen begegne?

Ein anderes Beispiel ist „mein Haus". Ich habe einen bestimmten Bezug und alle Gedanken, die da herum kreisen, bestehen aus Glaubenssätzen und Überzeugungen um die Beziehung zu „meinem Haus". So sehe ich dann mein Haus in meiner Welt.

Schaue ich aus dem „ICH BIN" sind diese Beziehungen fort, denn das ICH BIN ist jenseits der Verstandeswelt. Dann können wir sehen, dass noch immer eine Welt da ist, jene Welt, die unser Gehirn aus Schwingungsfrequenzen zusammensetzt und dadurch Bilder von

Bäumen, Tischen, Menschen und vieles mehr erschafft
- die **Gehirnwelt (b)**.

b. Das Gehirn

Dass ich die Schwingungsfrequenz „Haus" als Bild
eines Hauses sehe, ist darauf zurückzuführen, dass
mein Gehirn ein Bild von dieser Schwingungsfrequenz
entwirft.

Ohne mein Gehirn könnte ich das Haus nicht sehen.
Ohne das Gehirn könnten wir alle keine Bilder sehen.
Manche glauben, die Augen sehen. DAS ist ein Irrtum.
Unser Gehirn SIEHT und es sieht nur das, was es auch
sehen möchte.

Ein sehr schönes Beispiel dafür ist eine Studie der
Harvard Universität.

http://www.theinvisiblegorilla.com/biographies.html).

In der Studie gibt es vier Spieler, die je zu zweit eine
Mannschaft bilden. Ein Basketball kommt ins Spiel und
die ganze Szenerie wird gefilmt. Der Zuschauer dieses
Films hat nun die Aufgabe zu zählen, wie oft von jeder

der beiden Mannschaften eine Ballberührung stattfindet. Der Film dauert eine Minute und danach fragt eine Stimme, ob sie den Gorilla gesehen haben, der durch das Bild gelaufen ist. 86% der Zuseher haben den Gorilla nicht gesehen, weil Ihr Gehirn mit dem Zählen beschäftigt war. Bei Wiederholung des Films wird auch der Gorilla gesehen und die Tatsache bestätigt: *Das Gehirn sieht nur das, was es auch sehen möchte.*

Die Verstandeswelt beruht auf Beziehungen zu den Objekten und zeigt, WIE ich mich darauf beziehe, was ich darüber denke, was im Bezug auf das Objekt sein darf und was nicht.

In manchen Ländern darf die Ehefrau nicht allein auf die Straße gehen. In unserer Kultur ist dies völlig normal. Wir sehen also, dass es bereits bei den kulturellen Unterschieden beginnt und sich in unseren persönlichen Ansichten weiter verdichtet.

Es gibt also acht Milliarden Welten, denn jeder Verstand hat seine eigene Welt.

Die darunter liegende Welt des Gehirns unterscheidet sich nicht im wesentlichen bei jedem einzelnen von uns. Wir alle sehen einen Stuhl, einen Baum, eine Trommel und all das, was sich als Objekt in diesem Raum zeigt. Lediglich die Farbe der Objekte kann unterschiedlich wahrgenommen werden.

Die Frage ist nun, wofür Sie die Welt halten. Ist die Welt, die Sie über Ihren Verstand sehen Ihre Realität, Ihr Leben oder ist sie ein FILM, ein TRAUM, der sich selbst träumt?

Wenn Sie der Überzeugung sind, dass die Welt, die Sie sehen, real und Ihr Leben ist, sind Sie dieser Welt ausgeliefert, weil Sie sich darauf beziehen, auf alles, was sich darin zeigt.

In dem Moment, wo Sie die Welt als Film sehen, haben Sie nicht mehr den Bezug dazu, den Sie bis jetzt gewohnt waren, weil Sie wissen, dass das, was Sie sehen, durch Ihren Verstand und seine Überzeugungen projiziert wird. Es ist wie ein Projektor, der die Glaubenssätze und Ansichten auf eine Leinwand projiziert und ein Film entsteht, eine Geschichte mit einem Hauptdarsteller.

Der Film, der gesehen wird, hat seine eigene Dynamik. Das bedeutet, Sie sind auch nicht der Regisseur, Sie sind einfach „Seher" des Films, der Gedanken und Emotionen bewusst miterleben kann, ohne identifiziert zu sein. Der Film hat seine nicht voraussehbare Handlung und Sie brauchen nichts anderes tun, als damit zu sein. Im Taoismus heißt es:

„Das TAO tut nichts, und doch wird alles getan!"

Falls der Irrtum geschieht, dass die erscheinende Verstandeswelt mit der Wirklichkeit verwechselt wird, können Sie einige Mechanismen in Ihrem System sehen, die sofort in Bewegung kommen. Ein solcher Mechanismus ist die Kontrollfunktion, die unbewusst das eigene Überleben gewährleisten soll, physisch und geistig. Der Kontrollmechanismus ist für viele einer der größten Herausforderungen bei der Selbsterkenntnis. Die Meinungen und Ansichten des Ich-Gedankens, die durch den Kontrollmechanismus entstehen, verändern allerdings nichts im Film, der gesehen wird. Manchmal nimmt der Film genau diese Wendung, die gewünscht wurde, aber genauso eben auch nicht.

Es gibt dazu eine schöne Geschichte, die ich von Stephen Hawkins, dem Physiker, gehört habe.

Vor vielen Jahrhunderten, im Stamm der Wikinger, geschah es, dass sich die Sonne verdunkelte und die Wikinger glaubten, dass die Ursache ein böser Wolf sei, der sich vor die Sonne zu schieben schien. Sie holten Ihre Waffen und Werkzeuge und veranstalteten damit einen Höllenlärm und schrien dazu, und siehe da, der böse Wolf verschwand nach einigen Minuten. Diese gute Kunde wurde von Generation zu Generation weitergegeben und alle glaubten, dass Ihr Getue und Geschreie den bösen Wolf von der Sonne verjagen würden.

Heute wissen wir natürlich, dass es sich bei diesem Phänomen um die Sonnenfinsternis handelt und nichts dazu beitragen kann, dass sich der Mond schneller oder langsamer vor der Sonne bewegt, schon gar nicht, ihn vertreiben zu können. Der Film läuft und Sie sind der „Seher"!

2. Prinzip/ Es gibt keine Grenzen

Nirgendwo im Universum gibt es Grenzen. Die Begrenzungen, die Sie anhand der Dinge in dieser Welt sehen, schafft Ihr Gehirn.

In Wahrheit sind alles Schwingungsfrequenzen. Sie haben keine Grenzen. In Wahrheit hat auch Ihr Körper keine Grenzen. Sie merken das, wenn Sie sich auf Ihre Körpergrenzen konzentrieren. Nach einer kleinen Weile werden die Körpergrenzen „schwammig", bis ein Gefühl der Weite wahrnehmbar wird. Vor allem in der Energiearbeit kann man dieses Phänomen des Auflösens der Körpergrenzen beobachten und erleben.

Übung
Legen Sie jetzt Ihre Hand auf den Oberschenkel und lenken Sie Ihre Wahrnehmung dahin............

Was geschieht nach ein bis zwei Minuten? Spüren Sie noch, wo die Hand aufhört und der Oberschenkel anfängt? Oder umgekehrt?

Bleiben wir im Spüren, im Fühlen werden wir eine grenzenlose Welt erleben. Nur das Gehirn und der Verstand
schaffen Grenzen, indem sie die gesehenen Objekte unterscheiden, kategorisieren und bewerten. Wenn Sie das
glauben, was Ihnen Ihr Verstand sagt, werden Sie sich
getrennt fühlen, getrennt von der Umwelt, getrennt von den
Menschen in Ihrer Nähe und getrennt von sich selbst.
Grenzen trennen. Da bin ich und da sind Sie – schon ist eine
Trennung da.

In weiterer Folge können wir sehen, wie wir mit unseren
Überzeugungen und Glaubenssätzen unsere Grenzen
schaffen. Es existieren ein paar Wörter in unserem Sprach-
gebrauch, die sehr klare Grenzen erzeugen, zum Beispiel
„mein", „ich", „wir", „unser"! z. B. „wir Österreicher", „unsere
Beziehung" – damit grenzen wir alle anderen aus. Diese
Tatsache bleibt den meisten unbewusst.

Ein sehr verbreiteter Begriff der Eingrenzung ist Zeit. „Ich
habe keine Zeit".
Dies bedeutet, mir ist die Zeit ausgegangen. Wo ist sie hin?
In letzter Konsequenz existiert Zeit nur in unserem Verstand,
der wiederum alles begrenzen muss, weil er nicht anders
kann. Es ist eine Eigenschaft des Verstandes, alles zu

begrenzen. Grenzenlosigkeit ist für den Verstand nicht fassbar.

Eckhart Tolle unterscheidet zwischen „Psychologischer Zeit", die uns zum Sklaven macht, wenn wir uns daran halten (siehe Burnout) und den „Zeitpunkten", die uns Hilfe sind, um uns z. B. gemeinsam treffen zu können.

Zeit ist eine subjektive Wahrnehmung. Wir erleben es, wenn wir Harndrang haben und zur nächsten Toilette noch ein weiter Weg ist. Wie lange dann die Zeit dauert. Oder wir sind mit unserer Liebsten oder dem Liebsten zusammen und erleben wie schnell die Zeit vergeht.

Sie können sich einmal Gedanken darüber machen mit welchen Überzeugungen und Glaubenssätzen Sie Grenzen schaffen, vor allem in Bezug auf „ich, mein, wir, unser". Die Frage, die sich natürlich in diesem Zusammenhang stellt ist, wozu brauchen Sie Grenzen?

Meine Frage an Sie ist: „Wer oder was sind Sie ohne Grenzen?"

Nicht greifbar, oder? Dies bedeutet, dass Sie sich über Ihre selbstgeschaffenen Grenzen definieren und mit Ihnen identifizieren. Dies bedeutet weiter, dass Sie über das

Grenzen schaffen Ihre scheinbare Existenz sichern. Der Verstand kann Sie als Objekt nicht anders denken als über Grenzen. Das Grenzen schaffen dient also der verstandesmäßigen Absicherung der Existenz. „Wie kann ich JEMAND sein ohne Grenzen?" ist hier die Frage.

Wie kann ich mich VERBINDEN wollen, wenn nicht vorher Grenzen und damit Getrenntheit existriert?

Wir grenzen uns ab und rechtfertigen damit unser ständiges Tun vor uns selbst.

Wir tun nichts anderes als JEMAND sein zu wollen, der…. Wir sorgen dafür, dass wir verbunden sind mit……………… Wir denken in die Zukunft, um sicher zu gehen, dass wir weiter existieren, als das, wofür wir uns in unserem Verstand halten…...

Was geschieht, wenn wir von Zeit zu Zeit in die Grenzenlosigkeit geworfen werden?

Die meisten Menschen haben Angst; Angst NIEMAND zu sein, Angst ALLEINE zu sein, Angst, NICHT zu EXISTIEREN. Sie können damit erkennen, wie das Grenzen schaffen ein Überlebensmechanismus ist, der jedoch letztendlich nicht notwendig ist, denn wir existieren mit und ohne Grenzen.

Im ICH BIN, der ersten Erscheinung unseres Daseins, existieren keine Grenzen. ICH BIN ist unendlich und voll Frieden, Liebe und Freiheit. *„ICH BIN ist die Wurzel der Wahrnehmung, das göttliche Prinzip in uns. ICH BIN ist die Linse des Absoluten, durch die die manifestierte Welt gesehen und geschmeckt wird."* Mooji
Wie kann das ICH BIN realisiert werden?
Die gute Nachricht – es ist bereits realisiert, aber Sie decken es mit Ihrer Verstandeswelt zu.
Wie können Sie das ICH BIN aufdecken?

Durch Selbstergründung!
Selbstergründung ist die Frage „Wer bin Ich?" in unterschiedlichen Variationen.
Zum Beispiel:
„In wem finden die Gedanken statt?", „Was ist die Quelle der Gedanken?", „Zu wem kommen die Gedanken?", „Bin ich das, was ich denke?", „Wer sieht die Gedanken?"

Die Selbstergründung in dieser Form kann nicht nur mit Gedanken praktiziert werden, sondern natürlich auch mit Emotionen, alten Mustern und Gewohnheiten.

Zum Beispiel: „Wer möchte diese Situation jetzt verstehen?", „Zu wem kommt die Sucht des Rauchens?"

In der vollkommenen Unmöglichkeit der Beantwortung dieser Fragen verlieren sich die Gedanken, Konzepte und Bedeutungen und es offenbart sich eine Offenheit, die jede Ich-Idee mitsamt Ihrer Geschichte verschwinden lässt.

Die Selbstergründung ist eine Wurzelbehandlung. Sie entfernt die Wurzel allen Leids – *die Identifizierung mit dem Ich-Gedanken!*

Die Frage „Wer bin Ich?" ist die Meditation an sich. Meditation bedeutet, auf sich selbst gerichtet zu sein. Es ist keine Meditation, die sich auf ein Objekt, auf ein Mantra, auf den Atem oder auf ein Bild richtet. Gewahrsein richtet sich auf sich selbst. Sri Ramana Maharshi verglich es mit einem Stock, der das Feuer des Gewahrseins schürt und damit sich selbst verbrennt *(Ramana Maharshi – „Sei, was du bist")*. Selbstergründung bereinigt den Mind und führt Sie über den Verstand hinaus in das Unergründliche, Undefinierbare, in die Stille des Nichts – Ihre wahre Natur. Es geht also darum, zu einer tieferen Wahrheit zu erwachen als die Verstandeswelt uns zeigt.

3. **Prinzip/ Energie folgt der Aufmerksamkeit**

Wird die Aufmerksamkeit auf die Gedanken und die Verstandeswelt gerichtet, fließt Energie in diesen Bereich und die Gedanken werden sich vermehren, die Verstandeswelt wird "dichter" und hält uns in Ihren Fängen – in Maya gefangen. Richten wir unsere Aufmerksamkeit auf das ICH BIN wird es mit Energie versorgt und stabiler in unserem Bewusstsein.

Man kann auch sagen: „Das, dem Sie Aufmerksamkeit schenken, wird im Bewusstsein angezogen." Wenn Sie sich also mit Ihrer persönlichen Geschichte beschäftigen, Ihr Aufmerksamkeit schenken, *WAS wird passieren?*

Die persönliche Geschichte, der persönliche Modus des Bewusstseins, wird sich vertiefen und wichtig und bedeutsam werden. Es erscheint alles, was Ihnen scheinbar fehlt, zu wenig ist oder falsch ist. Die entsprechenden Wünsche und Bedürfnisse zeigen sich dann. Maya hat nach Ihnen gegriffen. (eine Geschichte über Maya im Anhang)

Ein sehr schönes Beispiel ist der Umgang mit „Minderwert". Ist der Minderwert bedeutsam, wird er im Verstand, denn nur dort existiert er, zum Drama.

Das ICH BIN existiert als unendlicher Raum, in dem die Welt sich zeigt, diese Welt also mit Körper, Verstand, Emotionen und Situationen, Menschen und Beziehungen sowie vielen anderen Objekten. Wird die Aufmerksamkeit auf diese Welt im ICH BIN gelenkt, wird das ICH BIN vergessen und die sogenannte Welt, die an sich eine Erscheinung ist, wird realer, wichtiger, bedeutsamer und täuscht Ihnen vor, die Wirklichkeit zu sein. (Beispiel des Gorillavideos)

Kontrolle, Bewertung und Beurteilung sind jene Eigenschaften, die in dieser Wirklichkeit wichtig und von Bedeutung sind.

Verweilen Sie mit der Aufmerksamkeit im ICH BIN. Sobald Sie immer weniger Bindungen an die Welt haben, wird sich dieser Bewusstseinszustand stabilisieren und vertiefen. Die Verstandeswelt wird immer mehr "verblassen", an Bedeutung verlieren. Die Kontrollmechanismen werden weniger bis sie vollständig aufhören zu existieren. Bewertungen und Beurteilungen werden nur mehr als

Gedanken wahrgenommen, die kommen und gehen. Eines Tages wird die Aufmerksamkeit mit dem ICH BIN verschmelzen, *Einssein*!

Im Alltag ist es hilfreich, sich gelegentlich zu fragen:

„Wo ist meine Aufmerksamkeit?"

Wir erleben unser Leben in der Erscheinung in Form von Polaritäten. Meist haben wir geistig unsere Aufmerksamkeit auf einem Pol und wollen den anderen vermeiden und uns ist nicht bewusst, dass wir damit hier immer die gesamte Polaritätsachse mit Energie versorgen. Vielleicht kennen Sie solche Situationen aus Ihrem Leben, in denen Sie unbedingt etwas Bestimmtes vermeiden wollten und genau das ist eingetreten. Es hilft auch nicht, wenn wir unsere Welt verändern wollen und wir unsere Aufmerksamkeit nur auf das Gute lenken. Das verändert nichts in der Welt der Polarität. Noch dazu ist diese Welt unsere eigene Projektion des Verstandes. So ein Leben ist nichts anderes als ein Herumspringen in den Polaritätsachsen. Viel einfacher lebt es sich, wenn wir unsere Aufmerksamkeit nach Innen richten, und auf dem ICH BIN halten, im Nondualen.

4. Prinzip/ Es existiert nur dieser Augenblick

Sri Ramana Maharshi, der indische Weise vom Arunachala, hat der Menschheit eine wichtige Botschaft hinterlassen:

„Sei mit dem, was ist!"

Die meisten Menschen, und ich nehme an auch Sie des Öfteren, folgen einer kollektiven Konditionierung: **„Ich will es anders haben, als es gerade ist"**, wie es Werner Ablass in seinem Buch „Mindcrash" ausführlich beschreibt.

Es ist ganz gleich, ob es sich um Situationen handelt, die anders sein sollten, andere Menschen wie der Partner, die Partnerin, der Chef oder vor allem Sie selbst. Je stärker über den Verstand ein Selbst-Bild definiert ist, desto größer ist die Wahrscheinlichkeit der Selbstverurteilung, wenn dem Selbst-Bild nicht entsprochen wird. Durch diesen Mechanismus des „anders haben wollen" kann der Augenblick nicht mehr in seiner ursprünglichen Tiefe mit all seinen Essenzen wie Friede, Liebe und Freude wahrgenommen werden.

Wir definieren diesen Augenblick jetzt als einen Punkt auf einem Blatt Papier. (Siehe Abbildung S 33)

Wenn wir mit unseren Gedanken entweder in der Vergangenheit oder in der Zukunft sind, bewegen wir uns geistig auf der horizontalen Linie am Blatt Papier und damit auf der horizontalen Ebene des Bewusstseins. Diese Ebene beschäftigt sich im Verstand mit der Geschichte, dem Hauptdarsteller darin, sowie anstellige Veränderungen oder Widerständen. Oder der Fokus richtet sich auf die Geschichte eines anderen, die wir dann in Bezug zu unserer Geschichte bringen und entsprechend vergleichen, bewerten und beurteilen. Sehr gerne wollen die Teilnehmer eines Satsangs (Zusammensein in Wahrheit) oder Talks die Geschichte des Meisters oder Lehrers hören, mit dem sie gerade sitzen. Erzählt die oder derjenige auch von sich selbst, geschieht genau das, ein Vergleich mit der eigenen Geschichte.

Im Augenblick zu sein, bedeutet in der Gegenwärtigkeit zu sein, in der Präsenz des Seins.

Viele Menschen kennen diesen Zustand der Gegenwärtigkeit und Präsenz nicht, weil sie ständig in den Gedanken verwickelt sind, die in der Vergangenheit und der Zukunft gründen. Hier an diesem Punkt der Gegenwärtigkeit kann das Leben selbst erlebt werden, denn alles andere, die

Geschichte, das Ich, die Beziehungen in der Geschichte, die Glücksmomente und Pechsträhnen sind einfach nur Verstandesbilder, nichts mehr.

Erst an diesem Punkt der Gegenwärtigkeit können wir erst wahrnehmen, was sich in der Tiefe unseres Seins zeigt, es öffnet sich die vertikale Ebene des Seins, unser innerer Kosmos.

Die vertikale Ebene besteht aus verschiedenen Schichten, die den meisten Menschen nicht bewusst sein können, weil sie sich nur auf der horizontalen Ebene mit Ihrer Wahrnehmung präsent sind. Vor allem finden wir hier nicht gleich die Essenzen wie Liebe, Friede und Harmonie, sondern es zeigt sich die Schicht der unbewussten Glaubenssätze, die Schicht der Ängste und die Schicht der tiefen Emotionen wie Sinnlosigkeit, Hilflosigkeit und Verzweiflung (nicht zwangsweise). Bewegen wir uns mit unserer Aufmerksamkeit immer weiter in die Tiefe ohne die unterschiedlichen Schichten aufzuarbeiten, sondern sie einfach anzunehmen, erfahren wir als Grundlage allen Seins das ICH BIN und tiefen Frieden und Freude als Essenz dieses Bewusstseinszustandes, der immer und in jedem Menschen, vorhanden ist.

Im Satsang und den Talks räsoniert (Gesetz der Resonanz) die Präsenz des Meisters, die oft Frieden ist, mit dem Frieden in den Teilnehmern und bringt ihn so aus unbewussten Essenzebene ins Bewusstsein. Ich höre immer wieder, dass die Teilnehmer sagen, es sei im Satsang oder im Talk einfach in Frieden zu sein, aber außerhalb des Satsangs und Talks sei er nicht erfahrbar.

Woran liegt das? Ganz einfach! Nach dem Event richtet sich die Aufmerksamkeit wieder auf die horizontale Ebene aus und steigt damit wieder in die Verstandesgeschichte ein, die ja zu einem Happy End vollendet werden soll, z. B. Erwachen. Das „Ich", das der Hauptdarsteller in der Geschichte ist, wird niemals erwachen, weil dieses Ich nur ein Gedanke ist und als Realität nicht existiert. Wie soll etwas erwachen, das nicht existiert? Das bedeutet: **kein Happy End für das Ich!**

Einer der wesentlichen Unterschiede zwischen horizontaler und vertikaler Ebene ist, dass es auf der vertikalen Ebene, also im Sein, keine Zeit gibt, auf der horizontalen Ebene sehr wohl. Ja mehr noch, diese Ebene hat Zeit als Grundlage. Ohne Zeit gibt es keine Geschichte, weder von

Ihnen noch von mir. Das SEIN ist aber absolute Zeitlosigkeit.

In diesem Augenblick, der jetzt ist, liegt die ganze Kraft. Die Gegenwärtigkeit hat Kraft durch die Präsenz des Seins. Viele Menschen, so habe ich es erlebt, haben Angst vor diesem Augenblick, vor dieser Gegenwärtigkeit, weil darin kein „Ich" zu finden ist. Deswegen tauchen auch immer wieder Zweifel auf, ob das so richtig ist, weil die Angst einen Abwehrmechanismus benutzt, in dem Fall den Zweifel. Zweifel führt Sie zweifelsfrei in die Zeit, in Ihre Geschichte. Diese Kraft der Gegenwärtigkeit ist sehr hilfreich, weil sie genutzt werden kann, um die Erkenntnisse, dass die Welt eine Erscheinung ist und nur dieser Augenblick existiert, zu bestätigen - die Kraft im Hier und Jetzt zu sein, die Kraft HIER zu sein.

5. **Prinzip/ Alle Kraft kommt von Inneren**

Wie könnte es auch anders sein? Woher kommt die Kraft? Wo entsteht sie?

Es gibt nur diese EINE Kraft, die in jedem Menschen vor-handen ist. In den verschiedenen Kulturen wird sie unterschiedlich benannt. Ich nenne sie gerne Shakti, die Kraft aus der Stille.

In unserer Kultur wird uns durch die christlichen Kirche vermittelt, dass es zwei Kräfte gibt, die von Gott und die des Teufels. Das ist ein Irrtum. Wenn man wollte, könnte man sagen, dass sich die EINE Kraft aufteilt und sich im Verstand und im Herzen unterschiedlich zeigt.

Beide Auswirkungen der EINEN Kraft, sowohl im Verstand als auch im Herzen, haben Ihren Nutzen für unser Leben. Meist wird der Verstand falsch angewandt, zum Beispiel, wenn wir ihn definieren lassen, wer wir sind oder was Wahrheit ist. Unser Verstand nützt uns allerdings sehr, wenn wir von Wien oder München nach Rom fahren wollen. Mit ihm können wir die Route bestimmen und unsere Autofahrt darauf orientieren. Der Verstand möchte uns auch oft erzählen, wie es in Rom sein wird. Damit schießt er über seine Möglichkeiten hinaus.

„Aus der Stille kommt die Kraft" ist allseits bekannt. Wer nimmt das allerdings ernst? Die Quelle der Kraft ist reine Präsenz - ICH BIN. Es ist jene Kraft, aus der unser Körper-

Geist System entstanden ist, es am Leben hält und es nährt. Es ist die Urkraft, die Urlebenskraft.

Das Ziel asiatischer Kampfsportarten und Meditationstechniken ist es, sich mit dieser Kraft zu verbinden. Wir können diese Kraft direkt erleben, wenn die Kundalini in uns emporsteigt. Sie hebt Zeit und Raum auf und gibt uns das Gefühl von Eins sein mit allem, was ist, denn in allem und jedem ist diese Kraft vorhanden. Es gibt nur diese EINE Kraft, die aus der Stille kommt. Wir erleben sie also auch direkt, wenn wir die Stille sind.

Über dieses Prinzip wird uns auch sehr bewusst, dass wir nicht der „Handelnde" sind.

Dies ist eine wesentliche Erkenntnis, die unsere Sicht des Lebens vollends verändern kann.

Wir sind also nicht der Tuer, die Tuerin, der oder die Schuld für etwas trägt, bzw. stolz auf etwas sein kann. Das Leben geschieht einfach als einzigartige Bewegung im Sein ohne dass es dazu einen „Jemand" benötigt, damit das geschehen kann, was geschieht.

6. *Prinzip/ Du bist die Quelle selbst*

Du bist diese STILLE, die die Quelle von allem Existierenden ist. Du bist das EINE ohne ein Zweites – das Selbst. Dies ist der Ursprung, die einzige Realität, alles andere ist Erscheinung.

Der innere Gedankenstrom, der unseren Verstand fast ständig durchströmt, hat nichts damit zu tun, was oder wer wir wirklich sind. Meist dauert es einige Zeit bis die Gedanken im Kopf keinen Wert mehr haben und die Aufmerksamkeit auf die Präsenz des Seins gelenkt werden kann. Als diese Präsenz *fühlen* wir das Leben, das Quelle und Ausdruck gleichzeitig ist. *Wir sind das Leben – absolute Life.*

7. **Prinzip/ Alles Existierende entspringt der EINEN Quelle**
Alles, was sich manifestiert, in eine Form bringt, kommt letztendlich aus der EINEN Quelle, die wir alle sind. Der Körper, die Natur, die Tiere, die Gedanken und Emotionen sind alle dieselbe Substanz. Das Paradoxe dabei ist, dass diese Substanz Leere ist. Man kann also sagen, alles existiert aus der Leere heraus. Für den Verstand ist das ein „No Go".

Das ICH BIN als nonduales Bewusstsein und Quelle der dualen Welt bleibt von den manifestierten Formen unberührt. Es bedeutet, dass kein Gedanke, keine Emotion, keine Situation im ICH BIN etwas verändert können oder es einfärben kann. Die polare Welt bleibt natürlich weiter bestehen, denn sie ist das göttliche Spiel, ohne das es kein Universum geben würde.

Ist der Ich-Gedanke durchschaut, erleben Sie sich als alles, was ist, denn es gibt keine Grenzen. Das unendliche ICH BIN ist das, was der Verstand niemals zu begreifen vermag, weil es jenseits der Gedankenwelt liegt, anders gesagt, weil das ICH BIN die Grundlage aller Gedanken ist, wie das Wasser für die Fische.

Das SEIN übersteigt die Fähigkeit unserer Denkfabrik bei weitem. Andauernde Gedankenaktivität hält Sie in der Welt der Formen gefangen und wird zu einer undurchsichtigen Trennwand, die verhindert, dass Sie erkennen, dass Sie die Quelle selbst sind und alles aus Ihnen entsteht. Sie sind in Wirklichkeit alles, was ist!

Fazit:

Beginnen wir, die Welt als das zu sehen, was sie ist, ein unbewusst erschaffenes Bilderbuch mit selbst suggerierten Überzeugungen, erkennen wir, dass wir die Grenzen, die uns scheinbar gefangen halten, selbst schaffen. Die persönliche Geschichte mit dem Hauptdarsteller „Ego" in unserem Verstandes-Kino nährt sich von Zeit. Richten wir unsere Aufmerksamkeit auf den gegenwärtigen Augenblick, erleben wir eine Kraft, die aus der Quelle selbst kommt und erkennen, dass wir die Quelle selbst sind.

Alles, was aus der Quelle hervorkommt ist unser Leben. Bleiben wir trotz allen erscheinenden Bildern bei uns selbst, erleben wir die Schönheit der Existenz, die Süße des Universums.

Die 7 Prinzipien des Seins nützen Ihnen nicht nur als philosophischer Hintergrund Ihres Denkens, sondern vor allem als Hilfestellung in Ihrer Lebenspraxis.

Nehmen wir eine Situation an, in der Sie sich eingeengt und bedroht fühlen.

Wenn Sie sich jetzt fragen „Wofür halte ich die Welt in diesem Augenblick?", können Sie Ihren Irrtum sofort erkennen. Was ist der Irrtum? Sie glauben die Welt sei die Realität und haben vergessen, dass sie eine von Ihrem Verstand erschaffene Projektion ist. Byron Katie nutzt dieses Prinzip für „The Work".

Bleiben wir bei dem Beispiel der einengenden und bedrohlichen Situation und wir untersuchen sie mit dem zweiten Prinzip „Es gibt keine Grenzen", so werden Sie feststellen, dass Sie sich selbst die Grenzen setzen. Wie? Damit etwas einengend und bedrohlich sein kann bedarf es eines „MEIN" oder „MICH". Was geschieht also, wenn Sie auf das „MEIN" oder „MICH" verzichten?

Die Antwort liegt in Ihnen selbst!

Wir können auch das dritte Prinzip „Energie folgt der Aufmerksamkeit" in unserer Situation anwenden.

Wird die Aufmerksamkeit auf der Enge und der Bedrohung belassen, werden sich die beiden Empfindungen verstärken. Richten wir allerdings die Aufmerksamkeit auf unseren Herzensraum, (Siehe Seite 20) dauert es nicht lange und die Empfindungen lösen sich auf. Die Frage in dieser Situation lautet: „Wohin ist meine Aufmerksamkeit im Moment gerichtet?"

„Glaube ich den Gedanken oder meinem Herzen?"

Weitere Fragen in Bezug auf die 7 Prinzipen des Seins:

Prinzip 4: Bediene ich im Moment eine persönliche Geschichte?

Prinzip 5: Glaube ich, der Handelnde zu sein?

Prinzip 6 + 7: Wer bin ich?

Sei mit dem, was ist

Für viele Suchende ist dieser Hinweis von Sri Ramana Maharshi eine Unterstützung bei den ersten Schritten zu sich selbst, obwohl die Bedeutung in Ihrer wirklichen Tiefe meist erst viel später erkannt wird.

Sei mit dem was ist, wird von vielen zuerst auf Lebenssituationen bezogen. Die Lebensweise vieler Menschen ist auf Vorlieben oder Abneigung ausgerichtet (Lust – Schmerz). In beiden Fällen soll insoweit eine Veränderung eintreten, dass die eigene Vorstellung in der jeweiligen Situation verwirklicht wird. Beide Energien, Vorlieben (Begehren) und Abneigung (Widerstand) sollen eine Veränderung herbeiführen.

Was geschieht jedoch, wenn es so belassen wird, wie es ist? Diese Erfahrung kann aus vielerlei Gründen wesentlich sein. Einerseits lässt die Manipulationskraft nach, die im Grunde ständig die eigene Vorstellung zur Realität machen will und die Kontrolle über das Leben haben möchte. Andererseits kann sich eine ungeahnte Richtung in Bezug auf die Lebenssituation zeigen. Eine Lösungsvariante, die wie aus dem Nichts aufsteigt und alles in eine universelle Ordnung bringt. Damit kann vielleicht zum ersten Mal erfahren werden, dass eine größere Kraft als unsere Gedanken das Leben lenkt.

Die nächste Ebene dieses Hinweises bezieht sich auf unser Inneres. Jede Situation löst bei den Menschen bestimmte emotionale und mentale Reaktionen aus. Ärger, Wut Traurigkeit werden spürbar und veranlassen wiederum zu einer Veränderung. Meist geht es darum, das Idealbild zu korrigieren, indem festgelegt wird, wie das nächste Mal in dieser Situation zu handeln ist.

Was aber geschieht, wenn die Emotionen als das, was sie sind, angenommen werden, wenn Sie mit dieser Emotion SIND?

Auch diese Erfahrung kann wichtig sein, weil sie uns lernen lässt, dass jegliche Emotionen kommen und gehen. Wenn wir mit den Emotionen einverstanden sind, lösen sie sich mit der Zeit auf und was bleibt ist Friede. Wir können daraus lernen, dass es noch „etwas" geben muss, in dem das Vorhanden sein von Gedanken und Emotionen stattfindet, denn sowohl Gedanken wie auch Emotionen unterliegen der Vergänglichkeit; aber - *wer erfährt das alles?*

Im tibetischen Buddhismus wird diese Ebene des „mit dem zu sein, was ist" als die **„Praxis der Nichteinmischung"** bezeichnet. Wir schaffen Raum um Erscheinungen ihren Lauf nehmen zu lassen und sich aus eigenen Antrieb aufzulösen. Diese Art der spontanen Auflösung von einengenden Überzeugungen und Emotionen wird auch in dieser Tradition die **„Natürliche Befreiung"** genannt.

„Natürliche Befreiung" geschieht als Folge des Nicht-Identifizierens mit den Erscheinungen und des Verweilens im reinen Gewahrsein als solches. Wenn der Geist nicht mehr durch zwanghafte und vorsätzliche Beschäftigung mit verschiedenen Empfindungen, Emotionen und Gedanken konditioniert ist, oder der Loslösung davon, verschmilzt er mit dem unendlichen Raum, der er in Wahrheit ist.

So nähern wir uns dem, was unvergänglich ist. Diese Unvergänglichkeit, dieses Ewige ist das Einzige, was real ist, was wirklich IST. Alles andere ist eine Erscheinung und damit vergänglich, auch unser Körper. Der Hinweis von Sri Ramana Maharshi richtet sich auf das ewige Selbst, das einzig IST. Es bedeutet, ein Leben in Freiheit von der Identifizierung mit Erscheinungen und dessen leidhafte Erfahrung. Es bedeutet, die gedankliche Instanz des „Ich" zu durchschauen und das zu sein, was Wahrheit ist – **Sei, was Du bist!**

Reine Präsenz/ bedingungsloses Gewahrsein, das sich offenbart, wenn wir mit dem sind, was wirklich ist, ist das Gefühl von NICHTS/ LEERE und gleichzeitig von Vollkommenheit und Vollständigkeit, ein erfülltes Sein.

In Relation zu diesem Gefühl des „Erfüllten Seins" ist jede andere Erfahrung „unvollständig".

Dem Nichts, der Leere, fehlt nichts. Es gibt dort keine Gedanken, Überlegungen oder Interessen vollkommen zu sein, noch Befürchtungen unvollkommen zu sein.

Der Unterschied zwischen dem „Erfüllten Sein" und der Erfahrung von Unvollständigkeit liegt im Vorhanden sein oder Fehlen eines

Bedürfnisses. Wenn wir die Erfahrung etwas zu verändern oder etwas fortzusetzen wollen, sind wir unvollständig. Der Buddha benutzt in diesem Zusammenhang das Wort „Duhkha", das gewöhnlich mit „Leid" übersetzt wird. Leid in diesem Sinne bezieht sich auf die Unvollständigkeit und den daraus entstehenden Reaktionen, die aus Haben wollen bis hin zur Anhaftung und Abneigung bestehen.

Die Praxis des „Nicht-Einmischens" impliziert, dass nichts falsch ist oder fehlt, weder bei uns selbst, noch bei anderen und deshalb nichts getan werden muss. Es gibt keine Arbeit zu erledigen und keine Lösung zu finden, denn letztendlich gibt es keinen Handelnden. Wir erleben den unendlichen Raum direkt, indem wir nirgendwo sonst hingehen müssen, nichts wissen, nichts verstehen und nichts ändern müssen. Wir ruhen inmitten unseres funktionalen Daseins in einem Zustand bedingungslosen Gewahrsein und sind mit dem, was ist!

Selbstergründung

Der „Ich-Gedanke" (Ego) existiert durch Identifikation mit Gedanken über Begehren, Verlangen, Haben wollen, um Erfüllung über äußere Objekte zu erlangen. Gleichzeitig entsteht Angst, das alles wieder zu verlieren, was bisher als „mein" definiert wurde. Es wird eine Geschichte kreiert, die dem Ego-Ich bestimmte Eigenschaften zuschreibt, Ziele formuliert und eine Kontrollinstanz einrichtet, um die Fortschritte zu überprüfen. Das große Ziel ist ein Happy End der Geschichte – GLÜCK.

Irgendwann jedoch tritt die Erkenntnis ein, dass diese Lebensweise nicht wirklich glücklich macht und die Suche richtet sich nach Innen. Sie schauen auf das, was vor dieser Welt bereits da war, noch immer da ist und nach der Welt auch da sein wird – Sie schauen nach dem Selbst, Ihrer wahren Natur.

Das scheinbare Hindernis ist, dass der Verstand noch immer seine Konzepte und Bedeutungen in den Vordergrund schiebt. Er deckt sozusagen die wahre Natur zu.

Unsere wahre Natur ist kein etwas, sondern substanzlos, ein unendlicher Raum von Nichts, wie bereits beschrieben. Obwohl sich Gedanken und Gefühle in diesem unendlichen Raum bilden, gibt es niemanden, der sie weiter verfolgt. Es ist ein Gewahrsein über das Aufsteigen und Vergehen von Gedanken, Emotionen und der gesamten Welt. Da nichts fehlt, kein Mangel an etwas ist, braucht nichts dazu gewonnen und nichts aufgegeben werden. Kein Bedürfnis haftet sich an die jeweiligen Gedanken und sie können wie Wolken vorüber ziehen. Sie leben in Freiheit und Liebe mit allem, was ist, im unendlichen Raum des Seins.

Was ist zu tun, um im unendlichen Raum des Seins zu leben?
Dazu bemühen wir nun die Geschichte, die ich zu Beginn des Buches erzählt habe, „Der Berg ist ein Berg, Wasser ist Wasser"

Diese Geschichte lehrt uns, das „Ich" zu hinterfragen. Die Verneinung „kein Ich" lässt uns ergründen, was „Ich" in Wahrheit ist. In diesem Moment erkennen wir uns selbst als formlos und unbegrenzt und gleichzeitig die Welt als das, was sie ist – eine Erscheinung. Diese Methode findet vor allem Anwendung in Advaita (Sanskrit = nicht zwei) und wird Atma Vichara (Sanskrit = Selbstergründung) genannt. Sie wird bis heute von vielen Advaita Lehrern weiter gegeben. Atma Vichara lässt alle Identifikationen im Mind erlöschen.

„Wer bin ich" ist die wesentliche Frage. Nicht, was habe ich, was bekomme ich, sondern wer bin ich wirklich, ohne die Schlussfolgerungen des Mind. Als was existiere ich wirklich, wenn ich weder der Körper, noch der Verstand oder Emotionen bin? *„Wer IST?"*

Die Frage „Wer bin Ich?" habe ich im Kapitel „Die 7 Prinzipen des Seins" behandelt. An dieser Stelle möchte ich sie noch vertiefen.

Advaita beginnt mit der Erkenntnis dessen, was Sie nicht sind.

„Ich bin nicht der Körper!"

„Ich bin nicht die Gedanken!"

„Ich bin nicht die Emotionen!"

„Ich bin nicht die Energie!"

Die Frage, die sich zwangsweise stellt ist: „Wer bin ich dann?"

Wird das erkannt, daß Sie all das nicht sind, was bleibt?

Der wesentliche Nutzen der Selbstergründung ist das Verblassen der Verstandesaktivitäten.

Das Selbst, Ihre wahre Natur, kann nicht erforscht werden. Lediglich dem phänomenalen Ich kann mit diesen Fragen eine Untersuchung auferlegt werden „Woher kommt es?", „Was ist seine Wurzel?"

Sri Ramana Maharshi betont, dass es nicht genügt zu erkennen, was sie nicht sind, und meint damit die Neti Neti Praxis (> ich bin nicht dies und nicht das<), sondern dass es von wesentlicher Bedeutung ist, die Quelle des Ich-Gedankens zu finden. Dann wird das phänomenale Ich verschwinden. (Ramana Maharshi/ „Wer bin ich?"/ S 33)

Die Erkenntnis, die darauf folgt, wenn Sie den Ich-Gedanken bis zu seinem Ursprung zurückverfolgen ist, dass es keinen eigenständigen Jemand gibt. Niemanden, der irgendwann bestimmte Handlungen vollzogen hat, durch die entsprechende Ereignisse passiert sind, noch jetzt passieren.

Die Selbstergründung bewirkt, dass das Bewusstsein in sich selbst zurücksinkt – ICH BIN.
ICH BIN ist ohne Gedanken, Geschichten, Vorstellungen, Bewertungen und Vorurteilen – es IST.
Das ICH BIN kann nicht gedacht werden, denn es ist die Quelle der Gedanken.
„Ich habe es verloren" ist genauso ein Gedanke wie „Ich bin erwacht". Beide brauchen die Quelle, das ICH BIN, um als Gedanke zu existieren. Alle Ideen über eine Person und deren Eigenschaften, ob erwacht, erleuchtet oder nicht erwacht und nicht erleuchtet, steigen aus dem ICH BIN auf und sind Ideen, die wieder vergehen.

Ein weiterer Aspekt zur Bewusstheit über die Natur des Seins ist **Stille**. Stille durchschneidet die Fesseln der Erinnerung und Identifikation mit erscheinenden Objekten. Betrachten wir uns in völliger Stille, lösen sich alle mentalen Konzepte über uns selbst und die Welt auf. Stille ist die größte, transformierende Kraft im Universum. Solange die eigenen Vorstellungen von „Ich" und „mein" als real gehalten werden, werden Ängste und Begehren das Leben beherrschen. Begehren erschafft gleichzeitig Angst, es nicht zu erreichen. In Stille zu sein und nichts zu tun, wenn Begehren aufsteigt, verbrennen die Begehrenssamen (Vasanas), die wir über

Millionen von Existenzen mitgeschleppt haben. Was bleibt ist reines Gewahrsein, ohne Verstrickungen in Konzepten über die Welt und sich selbst – ohne Verstrickung im Mind.

Das Absolute und der Sinn des Lebens

Die ABSOLUTHEIT, das formlose SELBST (ParaBrahman), das weder Tendenzen noch Nicht-Tendenzen kennt, braucht nichts aufgeben, um zu sein, was es ist. Sie sind das formlose Selbst und sind bereits, bevor der Traum des Lebens beginnt, bevor die Welt entstanden ist. Die Erkenntnis des Traumes ist *gleichzeitig* die Erkenntnis von Ihnen selbst als die Grundlage von Sein und Nicht-Sein, weil das SELBST selbst nicht erkannt werden kann. (Sri Ramana Maharshi)

Absolutes Bewusstsein (ICH BIN) als erste Erscheinung im absoluten Selbst lässt Sie den Traum des Lebens erleben, ohne davon berührt zu sein. Erst die Identifizierung mit einem phänomenalen (der Erscheinung zugehörenden) "Tuer" oder Tuerin, der oder die bestimmte Ideen wie "Erwacht sein" und "nicht erwacht sein", heilig und unheilig, Dualität und Einheit hervorbringt, lässt eine Geschichte im Verstand entstehen, die sich letztendlich als Gefängnis und als Leid erweist. Nichts wissend von der Fatamorgana (Traum), in dem sich der phänomenale Tuer als Teil der Fatamorgana befindet, strebt er nach Glück im Unglück, nach Freiheit in der Gebundenheit, nach Körperlosigkeit im Körper, nach Unendlichkeit in der Begrenztheit.

Die Identifizierung mit einem phänomenalen Tuer (Handelnden) erschafft begrenzende Vorstellungen über das Leben und sich selbst, und damit falsche Erkenntnisse und Sichtweisen. Das Ziel jeglicher Selbst-Ergründung ist das Beseitigen der Schleier der Verstandesaktivitäten. Wenn der Schleier verschwindet, bleibt das formlose SELBST zurück, DAS, was immer ist, vor dem Schleier, während des Schleiers und nach dem Schleier.

Das SELBST als nicht greifbares und nicht erkennbares „Subjekt" ist die Abwesenheit in der Anwesenheit des Seins, obwohl es in jeder Anwesenheit als Abwesenheit vorhanden ist.

Sie können nie wissen, wer Sie sind. Sie können jedoch in jeden Moment wissen, DASS Sie sind.

DAS, was ist, wodurch das ganze Universum ist, ist gleichzeitig der "Beweger" des Universums und das Universum selbst. Alles ist bereits da, nichts kann hinzugefügt oder weggenommen werden - die SOHEIT des absoluten Lebens!

Hier schließt sich der Kreis unserer Zen-Geschichte:
„Ich bin der Berg – Ich bin das Wasser"
Letztendlich ist das absolute Selbst ALLES, was ist!

Der Sinn dieses ganzen Spiels (Leela) ist, der Wunsch des Selbst sich selbst zu erfahren.
Wobei es für das Selbst unerheblich ist, wie es sich selbst erfährt, durch Lust genauso wie durch Schmerz, durch Frau sein genauso wie durch Mann sein und so weiter.

Das Selbst verwirklicht sich als Erfahrung des Seins, in jedem Moment, ohne Bedingung.
Das Selbst selbst wird im Sein niemals verwirklicht, denn es ist die Abwesenheit der Anwesenheit. „Noch niemals hat ein Buddha die Welt betreten" heißt es im Buddhismus und meint genau das. Die Verwirklichung dessen, was Sie sind, ist nicht das, WAS Sie sind. Das, was Sie sind kann nicht erfahren und nicht erkannt werden.

In der Absolutheit des Nichtwissens entsteht das ganze Spiel des Lebens. Sie sind weder ein Spieler noch das Spiel. Sie sind der SEHER von ALLEM, der nicht gesehen werden kann.

Im absoluten Wissen des Nichtwissens endet die Suche, denn auch die Suche ist nur Bestandteil des Traumes. Mit dem Ende der Suche sind Sie der absolute Seher des Traumes, der geträumt werden muss und „ alles ist gut"!

Zusammenfassung

Wenn wir aus unserer wahren Natur heraus leben, sind wir der „Seher" von allem, was im ICH BIN erscheint – das ganze Universum. Grundsätzlich sind es Gedanken, mit deren Inhalten der Verstand eine Geschichte zusammensetzt, scheinbar von uns getrennte Objekte vergleicht und bewertet oder Vorstellungsbilder von Situationen schafft, die Emotionalität erzeugen. Es gibt einen „Wurzelgedanken" in dieser Welt, der all die anderen verursacht, den **Ich -Gedanken**.

Als Seher all dieser Erscheinungen erleben wir durch das ICH BIN, die Präsenz des Seins, eine unendliche Weite, eine absolute Stille, tiefen Frieden und bedingungslose Liebe. Gleichzeitig erscheinen die Bilder der Welt, die Energetik der universellen Kraft, die Projektionen unseres Verstandes und die Bewegungen in unserem Körper; das Herz schlägt, der Atem fließt....... Es gibt nichts zu tun, alles geschieht von selbst.

Jede Identifizierung entweder mit den erscheinenden Bildern, der Energetik, mit dem Denken oder unserem Körper bewirkt ein scheinbares Verlorengehen der nondualen Ebene des ICH BIN. Statt dessen wird ein „persönliches Ich" erlebt, ein Phantom, mit einer begrenzten Wahrnehmung und vor allem dem Gefühl getrennt zu sein. Der Verstand produziert einen Film mit einer gewissen Dramaturgie, Begehren, Ansprüchen, Erwartungen und Ängsten und das „persönliche Ich" scheint darin gefangen zu sein, als jemand, der die Verantwortung für das Ganze trägt. Die vom Verstand erzählte Geschichte beginnt sich zu verdichten und wird mit dem wirklichen Leben verwechselt.

Wie komme ich zurück zum ICH BIN und zum wirklichen Leben, zu dem, was wirklich ist?

a. Über die Emotionen

Welche Emotion auch immer auftaucht, seien Sie ok damit, erlauben Sie der Emotion sich den Raum zu nehmen, den sie haben will. Nehmen Sie sie wahr, identifizieren Sie sich aber nicht damit. Was bedeutet das? Hängen Sie keine gedankliche Geschichte an die Emotion, sondern bleiben Sie in der Wahrnehmung der Emotion.

Nach einer gewissen Zeit werden Sie merken, dass die Emotion in Ihrer Intensität abnimmt. Bleiben Sie solange in der „bewussten Achtsamkeit" bis der innere Friede sich offenbart. Soweit es Ihnen in dieser Situation möglich ist, geben Sie sich dem Frieden vollkommen hin und lassen Sie geschehen, was immer geschieht. Es können Essenzen wie Freude, Liebe oder Freiheit auftauchen bis hin zur absoluten Stille.

b. Über Gedanken

Der Umgang mit Gedanken wurde von mir bereits in einem vorigen Kapitel beschrieben.

Hier werden die Fragen „In wem oder was findet dieser Gedanke statt?", „Zu wem kommen die Gedanken?", „Wer sieht den Gedanken?" angewandt und die aufziehenden Dramen der persönlichen Geschichte oder der unangenehmen Situation lösen sich auf. Was bleibt ist das Gefühl des Undefinierbaren – Nichts. Auch hier macht es Sinn, sich diesem Nichts vollkommen hinzugeben.

c. Über die Energetik

Wenn wir uns mit der Energetik identifizieren, merken wir es meist nicht, weil uns die Energetik ein Gefühl von Einssein vermittelt. Energetik ist eine sehr subtile Form der Erscheinung, und ohne die notwendige Achtsamkeit verlieren wir uns darin. In einigen Kulturen wird die Urenergie als das Göttliche gesehen. Im

Kontext von Advaita ist das Göttliche das SELBST und nicht die Energie, die im SELBST entspringt. Allerdings in der letzten Konsequenz braucht es den Begriff Göttlichkeit nicht, denn sehr schnell wird damit eine Trennung geschaffen in Göttlich und Nicht-Göttlich. Also auch hier die Frage „Wer nimmt die Energien wahr?", „Woher kommt die Energie?"

d. **Über das Wissen „Ich sehe"**

Ganz gleich, welche Situationen, Gedanken oder Verstrickungen sich zeigen, das Wissen des „Sehers" kann die „Befreiung" geschehen lassen. Je klarer dieses Wissen verankert ist, desto einfacher ist das Leben in der dualen Welt, desto weniger geschieht Identifizierung.

Vielleicht kann Ihnen diese Struktur helfen, das Phänomenale zu durchschauen. Es geht darum, aus den Verstrickungen des persönlichen Ich-Gedankens auszusteigen, damit das Leben so angenommen werden kann, wie es jetzt gerade ist – **Soheit**.

Das SELBST ist immer da, als Seher von allem, was ist. Das ICH BIN, das aus dem SELBST gesehen wird, ist die Grundlage für alles, was geschieht und bleibt trotzdem völlig unberührt von den Bewegungen des in ihm erscheinenden Bewusstseins.

ICH BIN ist der FRIEDE, den viele Menschen suchen. Im ICH BIN realisiert sich der FRIEDE, die FREUDE und die LIEBE, die völlig unabhängig sind von äußeren Situationen, denn sie sind jenseits des Verstandes, sie sind reine Essenzen des Seins.

ANHANG

Maya

Eines Tages gingen Buddha und sein Hauptschüler Narada eine Hauptstraße entlang. Budda sprach über Maya. Er erklärte, dass der Baum, der Fluss, die Schönheit, alle Insekten und Moskitos, Tiere, alles Maya ist. Und Narada sagte: "Aber Meister, wie kann das sein? Es hört sich praktisch unmöglich an. Ich kann den Baum anfassen. Ich kann diesen Arm anfassen. Ich werde von einem Moskito gestochen. Ich fühle es, da ist eine Beule auf meinem Arm. Wie kann alles Illusion sein? Ich verstehe das nicht."

Buddha sagte: "Ich habe Durst. Geh und hole mir ein Glas Wasser." Da war eine Stadt in der Nähe, Narada ging dorthin und klopfte an die Tür des ersten Hauses, das er sah. Eine alte Frau öffnete. Sie sagte: "Was willst du?" Narada sagte: "Mein Meister möchte ein Glas Wasser." Sie betrachtete ihn und sah, dass er gut aussah, gut gebaut, gesund, und sie bat ihn, hereinzukommen.

Er betrat das Haus, und dort saß eine wunderschöne junge Frau auf einem Stuhl. Die alte Frau sagte: "Das ist meine Tochter." Narada war überwältigt von ihrer Schönheit und sagte: "Sie ist das schönste Mädchen, das ich je gesehen habe." Die alte Frau fragte: "Würdest du sie heiraten wollen?" Und Narada sagte: "Warum nicht? " Und so heiratete er das Mädchen. Sie feierten eine riesige Hochzeit, und alle Leute aus dem Dorf kamen. Am nächsten Tag bekam er eine

Arbeit. Er war Töpfer und machte wunderschöne Töpfe aus Ton. Damit verdiente er den Lebensunterhalt. Nach dem ersten Jahr bekamen sie ein Kind, und sie konnten sich ein schönes Haus leisten. Er musste für Hypotheken und Steuern aufkommen. Darum musste er härter arbeiten und Leute anstellen, die ihm halfen. Er musste löhne zahlen, Steuern abziehen und alles andere. Nach zwei Jahren kam das nächste Kind. Er war völlig verstrickt in sein Familienleben. Einige Tage waren gut, andere schlecht. Die Jahre verstrichen, drei Jahre, vier Jahre, fünf Jahre.

Eines Tages gab es einen großen Wirbelsturm in der Stadt. Alles wurde überflutet. Narada sagte: "Was machen wir nur?" Alle Möbel waren ruiniert. Alles, von dem er glaubte, dass es ihm gehörte, wurde nass, total ruiniert. Er nahm seine Familie mit aufs Dach. Es gab eine Wäscheleine auf dem Dach. Alle hängten sich an diese Leine. Der Wirbelsturm wurde immer stärker und stärker und stärker. Seine Schwiegermutter wurde von der Flut mitgerissen. Narada sagte: "Ich glaube, wir brauchten sie sowieso nicht mehr, sie war alt." Aber der Wirbelsturm war immer noch sehr stark und seine Frau und die Kinder hielten sich weiter an der Leine fest. Eins der Kinder wurde mitgerissen, und Narada war verzweifelt. Aber er hielt sich mit seiner Frau fest. Dann wurde das andere Kind fortgerissen. Er war völlig durcheinander, aber er sagte zu sich selbst: "Schließlich habe ich ja noch meine Frau. Wir können noch mehr Kinder bekommen." Dann wurde seine Frau weggerissen und er sagte: "Was ist mit meiner Familie passiert? Sie sind alle weg! Alles wofür ich gearbeitet habe, ist weg! Alles wofür ich gekämpft habe ist weg! Ich werde dem allem ein Ende setzen, Selbstmord begehen." Und er ließ das Seil los. Im nächsten Moment saß er neben Buddha mit einem Glas Wasser. Er schaute Buddha an und der sagte: "Es war Zeit, dass du mir mein Wasser bringst." (Gelächter) Narada sah ihn an und sagte: "Jetzt weiß ich, was Maya ist."

Zum Autor

Als **Ewald Kurzbauer** 1956 in Österreich geboren, begann er ab seinem 14. Lebensjahr die Welt zu hinterfragen. Manchmal schien es ihm, als würde er am falschen Planeten gelandet sein. Es fehlte ihm die Tiefe in dieser Welt.

1996, nachdem er eineinhalb Jahre buddhistische Unterweisungen erhalten hatte, öffnete sich das erste Mal der Schleier über der wahren Natur und er erlebte im Satsang mit Eli Jaxon Bear den unendlichen Ozean des Seins und es erfüllte sich die Sehnsucht, die ihn Jahrzehnte lang begleitet hatte. Danach kam eine sehr wechselhafte Zeit zwischen dualen und nondualen Erscheinungen. Erst 2001 in der Präsenz von Madhukar in Indien ereignete sich der „Shift" zum absoluten „Seher" dessen, was ist. Der Name „Aktu" stammt aus einer Segnung in dieser Zeit in Indien und bedeutet „Strahlendes Licht".

AKTU hält Events in Österreich, Deutschland, Thailand und auf Bali ab, in denen es um das Durchschauen des phänomenalen Ichs geht. Er steht auch für Einzelsessions zur Verfügung, entweder in einem persönlichen Gespräch oder über Skype.

(Terminabsprachen über aktu@aktu.net)

Termine der EVENTS finden Sie auf seiner Webseite: www.aktu.net

Literatur

Sri Ramana Maharschi/" Sei, was du bist!"/ „Wer bin ich?"

Sri Nisargadatta Maharj/ „ICH BIN" Band I – III/ „Jenseits von Freiheit"/ „Die ultimative Medizin"/ „Bewusstsein und das Absolute"

Robert Adams/ Stille des Herzens Band I – II

H.W.L. Poonja/ „Sei still!"/ „Wach auf Du bist frei"

Madhukar/ „Einssein"

Gangaji/ „DU BIST DAS" Band I – II/ „Der Diamant in deiner Tasche"

Eli Jaxon Bear/ „Plötzliches Erwachen"/ „Das Spirituelle Enneagramm"

Ramesh S. Balsekar/ „Kein Weg Kein Ziel Nur Einheit" „Wo nichts ist, kann nichts fehlen"/ „The Pointers"

MOOJI/ „Der Atem des Absoluten"

Karl Renz/ „Das Buch Karl – Erleuchtung und andere Irrtümer"
„Karl Renz Punkt"

Stephen Wollinsky/ „Ich bin dieses EINE"

Eckhart Tolle/ „Jetzt – Die Kraft der Gegenwart"

Zensho W. Kopp/ „Jenseits aller Worte"/ „Die Freiheit des Zen"

Jiddu Krishnamurti/ „Einbruch in die Freiheit"/
„Selbstgespräche"

U.G. Krishnamurti/ „Der trügerische Schein der Erleuchtung"/
„Mythos Mind"

Byron Katie/ „Wer wäre ich ohne mein Drama"/ „The Work"

Werner Ablass/ „Mind Crash"

Nabala/ „Die Erleuchtungskarotte"

„JetztSEIN – das SEMINAR" mit AKTU

Die Lebenspraxis „JetztSEIN" besteht darin, das SEIN nicht mit Verstandesaktivitäten abzudecken, in dem man sich damit identifiziert. Der Ozean bleibt immer Ozean, auch wenn sich Wellen darin wellen.

Das Ziel ist, sich im ganz normalen Alltag des „ICH BIN" gewahr zu sein, ohne vom Denken vereinnahmt zu werden.

Erwachen kann in jeden Moment geschehen!

Termine des Seminars auf der Webseite:

www.aktu.net